Sitting Bull

Sein Leben und Vermächtnis

Ernie LaPointe
Urenkel von Sitting Bull

Tatanka Iyotake Ta Tiwahe (Sitting Bulls Familie)

Looks For Him In A Tent m. Brule Woman
1786–1869 *1780–Unknown*

Four Horns (Chief) *1814–1887*

Jumping Bull m. Her Holy Door

Winona *1810–unbekannt*

Good Feather Woman

Brown Shawl Woman &
Twin Woman *1835–unbekannt*

Sitting Bull *1831–1890*
m. Light Hair *1833–1857* / m. Snow on Her *1840–unbekannt* / m. Red Woman *1840–1871* / m. Seen By Her Nation *1846–1897* / m. Four Robes *1848–1929*

hoksila*
1857–1861

Many Horses *1865–1897*
m. Tom Fly *1861–unbekannt*

Courting A Woman
1881–1912

Walks Looking *1868–1887*
m. Andrew Fox *1863–unbekannt*

Chase Near
1885–1909

hoksila*

Crowfoot
1873–1890

Standing Holy *1876–1927*
m. Urban Spotted Horse *1873–1919*

Left Arrow In Him *1878–1891*
Sitting Bull *1880–1880*
Sitting Eagle *1880–1884*
hoksila* *1886–1889*
wincicala** *1888–1889*

Lodge In Sight *1875–1898*
m. Obed Scares *1877–Unknown*

Runs Away From *1878–1909*
m. Scout Woman *1875–1931*

Angelique Spotted Horse *1903–1959*
m. Allison Little Spotted Horse *1900–1990*
m. Claude LaPointe *1898–1965*

Sarah Spotted Horse *1907–2000*
m. David Little Spotted Horse *1910–1975*

Lydia Little Spotted Horse-Red Paint *1930–*
Margaret Little Spotted Horse *1932–1950*
Marlene Little Spotted Horse-Anderson *1935*
Ethel Little Spotted Horse-Bates *1937*
Ell Little Spotted Horse *1939–1991*
Ernie LaPointe *1948–*

Jenny Scares *1898–1941*
m. Reuben Bear Robe *1897–unbekannt*

Julia Bear Robe *1921–1934*
Raymond Bear Robe *1927–1998*

Nancy Stewart *1929–1963*
m. George Stewart *1897–1939*
m. Frank Kicking Bear

Sifrey Stewart
Lavern Kicking Bear
Casey Kicking Bear

* Junge ohne Namen
** Mädchen ohne Namen

Sein Leben und Vermächtnis

von
Ernie LaPointe
Urenkel von Sitting Bull

aus dem Amerikanischen
übersetzt von
Martin Krueger

TraumFänger Verlag

Titel der amerikanischen Originalausgabe: Sitting Bull, his life and legacy by Ernie LaPointe

Impressum

Sitting Bull, Ernie LaPointe
TraumFänger Verlag Hohenthann, 2011

ISBN 978-3-941485-20-4
Übersetzung: Martin Krueger
Lektorat: Ilona Rehfeldt
Satz und Layout: Janis Sonnberger, merkMal Verlag
Druck und Bindung: CPI - Clausen & Bosse, Leck
Umschlagdesign: Rudy Ramos
4. Auflage März 2015

Printed in Germany

Für meine Schwester Marlene Anderson – für ihre unermüdliche Unterstützung und Liebe.

Für meine Frau Sonja – für ihre bedingungslose Liebe,
ihre Untertützung, ihr Charisma und ihre außergewöhnliche Weisheit.

Und für meine Kinder und Enkel, damit sie verstehen, wer ihr Lakota-Vorfahre wirklich war.

Inhalt

Danksagung von Ernie LaPointe

Die folgenden Personen und Institutionen waren hilfreich, freundlich und großzügig mit ihrer Zeit und ihrem Wissen.

Mein Dank gilt:
Meiner verstorbenen Mutter Angelique Spotted Horse-LaPointe, meinen Großonkeln John Sitting Bull (Refuses Them) und Henry Little Soldier für ihre mündlichen Überlieferungen, die ich in diesem Buch niederschrieb, meiner Schwester Marlene Andersen für das Auffrischen meiner Erinnerungen; Serle Chapman, einem großen Schriftsteller des wahren Westens, der die Wahrheit sucht und der mich mit Original-Fotografien versorgte; Lani Van Eck, meiner Redakteurin, die mich überredete, meine mündliche Geschichte in einem Buch niederzuschreiben; Bill Billeck vom Smithsonian Institution in Washington, D.C., der mir die Genehmigung erteilte, Teile des Berichtes betreffend der Rückführung der Haarlocke und der Leggins meines Urgroßvaters zu veröffentlichen; meinem Freund Bill Matson, dem Filmproduzenten, der mich während der Aufnahmen unserer DVDs und beim Schreiben dieses Buches stets ermutigte; Bess Edwards, die Großnichte von Annie Oakley (Sure Little Shot), die mir eine Geschichte erzählte, die ich in dieses Buch integriert habe. Ihre Freundschaft bedeutet mir sehr viel. Ferner Sion Hanson, dem Urgroßneffen von James Hanson, der mir seine Geschichte erzählte; Sharon Small, Kuratorin am Little Bighorn Battlefield Museum; Carol Bainbridge, Direktorin am Fort St. Joseph Museum in Niles, Michigan; der Library of Congress, dem Glenbow Museum in Calgary, Canada; Ken Woody und Michael „Bad Hand" Terry, die mich mit Gibbs Smith bekannt machten.

Mein spezieller Dank gilt Euch: Gibbs, für Deine königliche Gastfreundschaft und meiner Verlegerin Michelle Branson für Deine Geduld; vielen Dank auch an die Mitarbeiter (die gesamte Belegschaft, das Personal) von Gibbs Smith und meiner Frau Sonja für die Herstellung des Familienstammbaums, das Aufspüren aller Papiere und rechtlichen Dokumente, die meiner mündlichen Erzählung Glaubwürdigkeit verleihen.

Pilamaya Yelo (Danke) an alle, die mein Leben bereicherten und mir Richtung und Inspiration gaben.

Ernie LaPointe

Einführung des amerikanischen Herausgebers

Dies ist Ernies Geschichte über das Leben seines Urgroßvaters. Am Anfang zögerte er, die mündlichen Überlieferungen in schriftlicher Form wiederzugeben. Erst nach reiflicher Überlegung und nachdem er von einer Reihe von Menschen (einschließlich mir) dazu ermutigt wurde, stimmte er zu. Das Argument, das ihn von meiner Seite her am meisten überzeugte, war die Beständigkeit dieses Mediums. Seit tausenden von Jahren sind Bücher ein kontinuierlicher Bestandteil menschlichen Lebens. Schriftliche Aufzeichnungen überdauern für immer.

In vielerlei Hinsicht ist dies keine gewöhnliche Biographie, es ist eine schriftliche Form der mündlichen Überlieferung, die Vorteile, aber auch Schwierigkeiten mit sich bringt. Mündliche Tradition funktioniert innerhalb ihres eigenen Rahmens von Übereinkünften und Rhythmen, von denen sich nicht alle leicht übersetzen lassen. Eine gesprochene Erzählung kann eine Reihe von dramaturgischen Hilfsmitteln nutzen, die in schriftlicher Form nicht zur Verfügung stehen.

Das Sprechen ermöglicht dem Erzähler, ein Tempo und einen Tonfall zu wählen, die den Hörer direkt in die Handlung der Geschichte führen. Eine leichte Veränderung des Tempos erzeugt Stimmung, schneller werden schafft Spannung oder langsames Sprechen führt zu Behaglichkeit. Der Tonfall drückt gefühlsmäßig so viel aus, dass weitere Erläuterungen überflüssig werden. Die Veränderung des Tonfalls kann entweder Verachtung und Trotz, oder Bescheidenheit zum Ausdruck bringen.

Auch Körpersprache kommt zum Einsatz. In der mündlichen Tradition der Lakota werden Geschichten von Angesicht zu Angesicht erzählt. Indem der Erzähler seinen Körper vollkommen ruhig hält, kann er die Aufmerksamkeit auf seine Worte lenken, oder aber durch seine Gesten die Aussage dessen, was er ausdrücken will, verstärken und erweitern. Ein Meister der mündlichen Überlieferung – und Ernie ist ein solcher Meister – ist ein wahrer Performance-Künstler, der die Zuhörer in seinen Bann zieht.

Mündliche Überlieferung unterscheidet sich auch vom Inhalt her von einer schriftlichen Standardbiographie. Die konventionelle Biographie stützt sich auf eine chronologische Entfaltung der wichtigsten Ereignisse im Leben ihres Protagonisten. Es wird ein hohes Maß an Anstrengung aufgewendet, um einen Überblick über das Leben des Individuums in seinem geschichtlichen Kontext zu einer Chronik zusammenzufassen. Ursache und Wirkung, Reiz und Reaktion werden zu Kriterien, nach denen die Hauptfigur eingeschätzt, erklärt und am Ende bewertet wird.

Bei der mündlichen Überlieferung ist die Absicht etwas anders. Chronologie ist nicht so wichtig, und es wird weniger Wert darauf gelegt, jede Einzelheit detailliert wiederzugeben. Stattdessen rückt die episodische Erzählung in den Mittelpunkt, und jede dieser Episoden hat eine Pointe. In diesen intensiven, Wert beladenen Geschichten geht es um die Moral. Im Grunde genommen kann eine Standardbiographie ihren Lesern das Bild eines sorgfältig gewebten Wandteppichs vermitteln, wo jeder Faden straff und präzise platziert ist, um durch diese Genauigkeit in der Gesamtdarstellung ein sachliches Bild zu gewährleisten. Eine mündliche Geschichte hingegen ist mehr mit einem gut gearbeiteten Quilt vergleichbar, deren einzelne Flecken aus leuchtenden Farben zusammenarbeiten, um ein warmes, impressionistisches Muster zu schaffen.

Eine der Herausforderungen beim Schreiben dieses Buches war es, beide Formen zu verschmelzen, den Fluss gesprochener Über-

lieferung in die Struktur der schriftlichen Form einzubinden. Ernie bestand darauf, dass nichts in diesem Buch, das nicht absolut und unbedingt die Wahrheit ist, und zwar so wie er sie kennt und persönlich erlebt hat, mit einbezogen werden durfte.
Dies brachte das zweitwichtigste Problem bei der Erstellung dieser schriftlichen Erzählung hervor: Die Wahrheit, die Ernie in dieser Arbeit zu vermitteln versucht, ist eine Lakota Wahrheit.

Ernie ist wirklich ein zweisprachiger Mensch. Trotzdem gibt es Übersetzungsprobleme, die zwischen der Lakota Sprache und dem Englischen aufkommen. Es ist ein konzeptionelles Problem, eine Frage von sehr unterschiedlichen Weltanschauungen. Die Sicht der Lakota über unseren Platz als Menschen im Universum steht im krassen Gegensatz zu den Vorstellungen, wie sie in den Vereinigten Staaten gelebt werden. Diese Unterschiede sind grundlegend und prägen die Form der gesamten Kultur.

Das Verständnis der Natur unseres Seins und der Zweck unserer Existenz sind Werte, mit denen wir alle tief verwurzelt sind, und die uns vom ersten Aufblitzen unseres Bewusstsein an gelehrt wurden. Sie bilden die zentrale Basis für unsere Weltanschauung und wie wir mit anderen umgehen. Aber was sind ehrenwerte Ziele, und wie sollten wir Erfolg definieren?

In der Kultur der Vereinigten Staaten wird uns beigebracht, unsere unveräußerlichen Rechte auf „Leben, Freiheit und dem Streben nach Glück" zu schätzen. Dieses sind jedoch kulturelle Wertvorstellungen, die zwar von entscheidender Bedeutung für unsere Gesellschaft sind, vielleicht aber eine weniger große Rolle in Bezug auf die Werte in anderen Kulturen spielen könnten.

Ich könnte zum Beispiel nicht aufzählen, wie oft ich gehört habe, dass Ernie Werte wie Ehre, Respekt, Demut und Mitgefühl hervorgehoben hat. Wenn Sie dieses Buch lesen, werden Sie diesen Kern-Werten immer wieder begegnen. Wenn Sie auch ein Angehöriger der Lakota Kultur sind, haben diese Werte wahrscheinlich ebenfalls eine grundlegende persönliche Bedeutung für Sie.

Wenn Sie wie in meinem Fall kein Lakota sind, dann wird Ihr Verständnis, so einfühlsam und gut gemeint es auch sein mag, durch die Wertvorstellungen der Kultur geprägt sein, die Ihnen Ihre Grundeinstellung über das Leben gelehrt hat. Es ist diese unausweichliche Tatsache der Existenz, die zu so vielen unserer interkulturellen Missverständnisse führt. Kommunikation über kulturelle Grenzen hinweg ist oft außergewöhnlich kompliziert.

In der Entstehungsphase dieses Werkes traf ich mich regelmäßig mit Ernie und seiner Frau Sonja und hatte mit ihnen Kontakt. Ich konnte beobachten, wie Ernies Vertrauen in seine Fähigkeiten, die Geschichte seines Urgroßvaters schriftlich wiederzugeben, Früchte trug. Dies ist das Produkt seines Geistes – oder noch wichtiger – das seines Herzens.

Es ist mir eine große Ehre und ein Privileg, an diesem Unternehmen beteiligt gewesen zu sein.

Pilamaya.

DR. LANI VAN ECK
Professor für Anthropologie und
Mitbegründer von Wounded Knee: Das Museum

Vorwort

Mein Name ist Ernie LaPointe. Mein Lakota Name ist Kangi Sie (Crowfoot). Ich bin eines von vier Urenkelkindern von Sitting Bull (Tatanka Iyotake). Ich schreibe dieses Buch über die Familiengeschichten – traditionelle mündliche Überlieferungen – die mir, meiner älteren Schwester Marlene Andersen sowie meiner Nichte und meinem Neffen von meiner Mutter, Angelique Spotted Horse-LaPointe erzählt wurden. Dieses Buch ist keine vollständige Biographie, weil ich nur die Geschichten wiedergebe, die mir meine Mutter über meinen Urgroßvater erzählte. Meine Nichte und mein Neffe haben bereits die Reise in die Geisterwelt gemacht, und meine Schwester Marlene hat mir die rechtliche Vollmacht gegeben, die Angelegenheiten, die unseren Urgroßvater betreffen, zu regeln. Wir sind die direkten Nachkommen von Sitting Bull.

Die Lakota glauben, dass die Zahl vier in allen Dingen heilig ist. Wir sind vier verschiedene Wege gegangen, um unsere Abstammungslinie zu Sitting Bull zu ermitteln, weil unsere Familienbande heilig sind. Zuerst führte uns unser Weg durch die mündlichen Überlieferungen, die in diesem Buch wiedergegeben wurden. Anschließend beschritten wir den zweiten Weg durch den „Pfad des Papiers" – rechtliche Dokumente, Landzuweisungen, Einschreibungen in Stammeslisten, Geburtsurkunden und andere Stammesdokumente. Wir haben diese Informationen dazu benutzt, um einen gründlichen und gut dokumentierten Familienstammbaum zu erstellen. Der dritte führte durch unsere heiligen Zeremonien, als der Geist unseres Urgroßvaters uns während einer Rückführungszeremonie für seine Leggins und seine Haarlocke als seine Enkel anerkannte.

Der vierte Weg wird durch unsere DNA bestätigt werden; eine moderne Methode, um aus genetischen Codes Verwandtschaft zwischen Menschen aus der Vergangenheit und der Gegenwart festzustellen. Der DNA-Test wird derzeit von einem Spezialisten in Dänemark durchgeführt, der sich in erster Linie auf alte DNA konzentriert. Der Test ist kompliziert, weil die Haarsträhne vom Museum zur Konservierung chemisch behandelt wurde. Wir erwarten die Untersuchungsergebnisse bis Ende 2010. Es ist wichtig, dass die Abstammungslinie nachvollzogen und anerkannt wird, weil das den Wahrheitsgehalt unserer Geschichten über Tatanka Iyotake untermauern wird.

Es ist meine Absicht, alle Menschen über den wahren Sitting Bull aufzuklären. Der Versuch, die mündlichen Geschichten, die mir von meiner Mutter erzählt wurden, in eine schriftliche Biographie einzubinden, war problematisch, weil diese Geschichten über unseren Urgroßvater in Lakota wiedergegeben wurden, und es ist nicht leicht, diese Worte in die amerikanische Schriftsprache zu übersetzen. Ich schrieb dieses Buch in der dritten Person, auf die gleiche Weise, wie die mündliche Geschichte mir erzählt wurde. Ich benutze den Namen Tatanka Iyotake, wenn ich von meinem Urgroßvater spreche, denn das war sein Name: Büffelstier-Der-Im-Begriff Ist-Sich-Hinzusetzen. Ich glaube, der Name, den ihm die weißen Amerikaner gaben, bezeichnet nicht den wahren Tatanka Iyotake. Sitting Bull bedeutet nicht: Büffelstier-Der-Sich-Hinsetzt oder Sitzender Büffelstier.

Es wurden viele Geschichten über unseren Urgroßvater geschrieben und es sind Filme über ihn und sein Leben gedreht worden, aber die Ironie des Ganzen ist, dass keines dieser Werke besonders genau ist. Die erste Person, die etwas über unseren Urgroßvater schrieb, war ein Mann namens Walter Campbell, der das Pseudonym Stanley Vestal verwendete. Er kam in den späten 1920er und frühen 1930er Jahren zur Standing Rock Indian Reservation, weil man damals wie auch heute davon ausging, dass alle Verwandten von Sitting Bull dort leben würden.

Doch das entspricht nicht ganz der Wahrheit. Er interviewte die Verräter und Mörder unseres Urgroßvaters: Sitting Bulls Neffe One Bull und One Bulls Tochter Cecilia nebst Bull Head und Eugene Little Soldier – nicht zu verwechseln mit Sitting Bulls Stiefsohn Henry Little Soldier – waren die wichtigsten Informationsquellen. Es scheint, dass Cecilia diejenige war, die behauptete, ihr Vater sei Sitting Bulls Adoptivsohn gewesen. Tatanka Iyotake aber hat One Bull niemals adoptiert, weil Lakota keine Blutsverwandten adoptieren. Eine Adoption ist eine Wahl, und beide Seiten müssen sich einverstanden erklären, einander als Verwandte anzunehmen. Wenn sie bereits miteinander verwandt sind, dann ist dies nicht möglich. Auf Grundlage dieser Interviews schrieb Vestal ein Buch mit dem Titel: „Sitting Bull, Champion der Sioux".

Der einzige Autor, der einen Versuch machte, die Blutsverwandten in der Pine Ridge Reservation zu befragen, war Walter Camp, aber er starb, bevor sein Buch über die Indianerkriege veröffentlicht wurde. Walter Camp besuchte auch Sitting Bulls Neffen White Bull auf der Cheyenne River Reservation und erfuhr von Sitting Bulls Tochter Standing Holy.
Im Jahre 1912 war sie das einzige noch lebende Kind. Warum Vestal niemals nach Pine Ridge kam, um mit Standing Holy oder ihren Halbbrüdern, John Sitting Bull (Refuses Them) und Henry Little Soldier zu sprechen, ist nicht bekannt. Vielleicht hat man ihm nichts davon erzählt oder aber er hat sich entschieden, sie zu ignorieren.

Stanley Vestals Arbeit und seine archivierten Interviews sind zur Grundlage für viele andere Bücher geworden, eines wissenschaftlicher als das andere. Historiker, Wissenschaftler und Autoren betrachten Vestals Arbeit als authentisch und genau, und nur sehr wenige haben versucht herauszufinden, was die Nachkommen über Tatanka Iyotake wissen.

Meine Mutter hatte Angst die Geschichte zu erzählen. Es passierte sehr oft, dass, wenn sie ihre Verwandtschaft mit Tatanka Iyotake erwähnte, die Töchter One Bulls auftauchten und ihr drohten. Einmal wurde meine Mutter von einer Tochter One Bulls in den Straßen von Rapid City, South Dakota, angegriffen. Als kleiner Junge von etwa fünf Jahren war ich schockiert zu sehen, wie brutal sich diese Frauen verhielten.
Ich bin bereit, die Geschichte zu erzählen, weil es notwendig ist, sie endlich weiterzugeben.

Ich denke, es wird Zeit, dass wir Natives jetzt unsere eigenen Geschichten erzählen. Unsere Kultur und unsere Geschichte müssen von uns erzählt werden. Wir haben sie erfahren und leben auch weiterhin mit ihr, und ich denke, die Anthropologen und weißen Autoren sind lange genug blind durch unsere Kultur und das Erbe unserer Vorfahren gelaufen.

Ho Hetchetu Yelo, Pilamaya Pelo

Ernie LaPointe

Einführung

„Große Männer werden gewöhnlich von ihren Neidern zu Fall gebracht."

Es geschah im Morgengrauen des 15. Dezember 1890. In Tatanka Iyotakes Dorf herrschte Ruhe und es war unbewacht. Dreiundvierzig Metallbrüste – wie die indianische Polizei genannt wurde, aufgestellt vom Indianeragenten McLaughlin – schlichen sich leise in das Lager, mit der Absicht, den unliebsamen Rivalen zu verhaften oder zu beseitigen. Es ging in erster Linie um die Vorherrschaft bei den Lakota. Eine Abteilung Kavallerie zur Unterstützung der indianischen Polizei wartete ganz in der Nähe.

Es gab nur ein Problem: Tatanka Iyotake hatte zwei Frauen und zwei Blockhütten. Die Polizei musste also beide Häuser durchsuchen, ehe sie den alten Häuptling schlafend in der größeren Hütte vorfand.

In der Zeit, die Tatanka Iyotake zum Anziehen brauchte, war das Lager erwacht. Seine Anhänger hatten sich außerhalb der Hütte versammelt. Die Polizei räumte einen Weg durch die Menge, und Leutnant Bull Head und Sergeant Shave Head eskortierten Tatanka Iyotake zu den Pferden. Sergeant Red Tomahawk ging hinter Tatanka Iyotake, einen Revolver auf den Kopf des Häuptlings gerichtet.

In der Absicht, die Verhaftung zu verhindern, begannen die Anhänger Tatanka Iyotakes die Polizisten zu bedrängen, und ein Kampf brach aus. Catch the Bear, einer von Tatanka Iyotakes Gefolgsleuten, feuerte und traf Bull Head in die Seite. Als Bull Head fiel, schoss er Tatanka Iyotake durch die Brust. Red Tomahawk schoss ebenfalls auf Tatanka Iyotake, einmal durch das Herz und dann in den Kopf.

Vierzehn Menschen starben an diesem Tag. Dazu gehörten Tatanka Iyotake, sein Sohn Crowfoot, sein kleiner Assiniboine Bruder Jumping Bull und fünf seiner Anhänger.

An jenem schicksalhaften Morgen endete in der Nähe des Grand River auf der Standing Rock Indian Reservation das Leben eines Vaters, Großvaters, Anführers, heiligen Mannes und Sonnentänzers. In dem Moment, als der Geist Tatanka Iyotakes seinen Körper verließ, begann der spirituelle Zerfall seiner Verwandten und seines Tiyospayes (seiner erweiterten Familie). Ein Prozess, der nun schon 120 Jahre andauert.

Jumping Badger (Springender Dachs)

Das Leben dieses Lakota Sonnentänzers begann im Jahre 1831, in dem Jahr als die Bad Bow Gruppe des Hunkpapa Stammes der Tiatunwan Lakota an den Ufern des Elk Rivers lagerte, der heutzutage unter dem Namen Yellowstone River bekannt ist. Das Wort Tiatunwan bedeutet: „Sie suchen nach einem Lagerplatz“. Diese Menschen wanderten durch ein Gelände von unvorstellbarer Größe, folgten riesigen Büffelherden und streiften frei durch weite, offen liegende Landstriche. Die Weißen sprachen ihren Namen falsch aus und nannten sie „Teton“.

Das Kind war das zweite von vier Kindern und der einzige Sohn von Her Holy Door Woman und Returns Again. Seine ältere Schwester war Good Feather Woman. Seine jüngeren Zwillingsschwestern nannte man Twin Woman und Brown Shawl Woman. Returns Again war sehr stolz auf seinen neugeborenen Sohn und gab dem Kind den Namen Jumping Badger. In der Kultur der Lakota erhielt ein Junge seinen ersten Namen gemäß einem Ereignis, was sein Vater vielleicht gerade gesehen oder erlebt hatte. Als Erwachsener wurde ihm dann ein Name gegeben, der eine bemerkenswerte Handlung in seiner Jugend oder im Erwachsenenalter würdigte.

Jumping Badger war anders als die anderen Jungen in seinem Alter. Während die anderen eher abenteuerlustig, lebhaft und oft draufgängerisch waren, hielt sich Jumping Badger immer zurück. Er dachte nach, ehe er handelte. Hätte er in diesem Jahrhundert gelebt, so hätte man ihn als begabtes Kind gesehen und ihn für seine Selbstdisziplin gelobt, und auch dafür, dass er stets alles in Betracht zog, bevor er handelte.
Aber seine eigenen Leute missverstanden ihn und hielten sein Verhalten für zaghaft und schwach. Sie gaben ihm den Spitznamen Hunkesni, „der sich langsam bewegt“, und riefen ihn auch so.

Wenn ein Junge bei den Lakota ein bestimmtes Alter erreicht hatte, wandte sich sein Vater an einen Bruder oder Schwager. Er übergab diesem vertrauenswürdigen Mann ein Geschenk und eine gefüllte Pfeife. Dann bat er ihn um Hilfe, damit dieser seinem Sohn die Wege der Lakota zeigte. Anhand von Beispielen und Geschichten würde der Onkel dem Jungen zeigen, wie man ein Mann oder ein Krieger wird, und wie man für seine Familie sorgt. Während der Vater für einen Lakota Jungen eine vertraute Person war, für die er große Zuneigung empfinden konnte, war sein Onkel eine Autorität, ein Mensch, den man respektierte und bewunderte. Ein Junge würde auf seinen Onkel hören.

Returns Again bat seinen Bruder Four Horns um Unterstützung. Four Horns war der Häuptling der Bad Bow Gruppe des Hunkpapa Stammes – er war ein ehrenvoller Mann mit großer Weisheit. Es war ein Glück für Jumping Badger, dass er gerade diesen Onkel als Mentor bekam.

Four Horns war außerdem Medizinmann und von seinen spirituellen Ratgebern wusste er, dass sein junger Neffe ein besonderer und begabter Junge war. Die unstillbare Neugier und analytischen Fähigkeiten des Jungen bedeuteten, dass sein Onkel ihn nie zurechtweisen musste. Four Horns fühlte sich geehrt, dass er gefragt wurde und war erfreut darüber, dass er an der Erziehung von Jumping Badger teilhaben durfte.

Indem er zustimmte, Jumping Badger zu lehren, erklärte sich Four Horns auch damit einverstanden, den Jungen bei sich aufzunehmen. Für den Rest seiner Kindheit würde Jumping Badger bei seinem Onkel leben, ihm folgen und von ihm alle Dinge lernen, die nötig waren, um ein guter Lakota zu sein.

Folgende Geschichte wurde dabei überliefert:
Als Jumping Badger ungefähr sieben Jahre alt war, hatte er bereits einen Bogen und einige Pfeile gemacht. Mit Geduld und viel

harter Arbeit gelang es ihm, einen ausgezeichneten Pfeil herzustellen, gut ausbalanciert und eingepasst. Das war eine großartige Leistung für einen siebenjährigen Jungen und Jumping Badger war sehr zufrieden und stolz auf diesen guten Pfeil.

Damals gab es in der Bad Bow Gruppe einen Mann, der ein talentierter Pfeil- und Bogenmacher war. Eines Tages veranstaltete er einen Wettbewerb für alle sieben- bis zehnjährigen Jungen des Dorfes. Er bat sie, auf die Jagd zu gehen und ihm einen schönen Vogel zu bringen. Er versprach den Jungen, dass er demjenigen, der ihm als erster einen solchen Vogel brachte, einen guten Bogen und einen Köcher mit Pfeilen schenken würde.

Die Jungen schwärmten in verschiedene Richtungen aus und machten sich auf die Suche nach dem schönsten Vogel in der gesamten Gegend. Auch Jumping Badger war auf der Jagd, aber er verschmähte einen Vogel nach dem anderen. Sie waren ihm nicht schön genug. Schließlich entdeckte er eine Goldamsel, die in einer Baumkrone saß. „Na endlich", dachte er, „ein wirklich schöner Vogel". Dann zielte er sorgfältig.

Ein anderer Junge, der aus einer anderen Richtung kam, sah den Vogel ebenfalls. Während Jumping Badger noch überlegte, wie er am besten treffen konnte, schoss der andere Junge ohne zu zögern einen Pfeil auf die Goldamsel. Doch er verfehlte sein Ziel und sein Pfeil verfing sich in den Zweigen in der Nähe der Baumkrone. Der Junge war enttäuscht, dass er den Vogel nicht getroffen hatte und war sehr traurig, weil er seinen besten Pfeil verloren hatte.

Jumping Badger, der keine Gelegenheit mehr hatte, auf den Vogel zu schießen, bot sich an, den Pfeil des Jungen vom Baum herunterzuschießen. Er traf tatsächlich und der Pfeil fiel herunter, aber er zerbrach, als er auf den Boden aufprallte. Der zuvor noch traurige Junge wurde sofort wütend.

Er beschuldigte Jumping Badger, seinen guten Pfeil zerbrochen zu haben und war bereit, sich mit ihm zu prügeln.

Jumping Badger dachte über die neue Situation nach und bot dem Jungen seinen eigenen, guten Pfeil an. Obwohl er viel Zeit damit verbracht hatte, ihn auszubalancieren und einzupassen, war er bereit, ihn herzugeben, um einen sinnlosen Kampf zu vermeiden.

An diesem Tag schoss keiner der Jungen einen schönen Vogel, aber als sie zum Lager zurückkehrten, sprachen alle über den Zwischenfall zwischen Jumping Badger und dem anderen Jungen, und sie berichteten, wie der Kampf vermieden worden war. Der Pfeilmacher war beeindruckt, wie Jumping Badger erfolgreich einen Kampf vermieden und den Frieden bewahrt hatte. Als Anerkennung für dieses umsichtige Verhalten schenkte er Jumping Badger den guten Bogen und den Köcher mit den Pfeilen.

Noch immer nannten ihn die Leute Hunkesni, trotzdem gewann der Junge immer mehr ihren Respekt. Wie alle Lakota Jungen erlernte er die Kunst zu reiten, und er übte so lange, bis er auch ein ebenso guter Bogenschütze war. Er lernte erfolgreich, wie man das Wild aufspürte und sich anpirschte. Durch Übung, Spiel und Wettbewerb erwarb der Junge das notwendige Wissen und die Fertigkeiten, um ein guter Lakota zu werden.

Als Jumping Badger zehn Jahre alt war, entschied Four Horns, dass es an der Zeit sei, seinen Neffen in der Kunst des Spurenlesens und des Anpirschens zu prüfen. Das Lager war näher zu einer großen Büffelherde gezogen. Während die anderen Jäger sich darauf vorbereiteten, die große Herde zu jagen, nahm Four Horn seinen Neffen und trug ihm auf, die kleinere Herde weiter im Westen aufzuspüren. Seine Fähigkeiten im Aufspüren und Anschleichen waren für einen Jungen seines Alters ausgezeichnet und sein Onkel freute sich, als Jumping Badger die kleinere

Herde fand. Obwohl die Büffelherde nur aus 100 bis 150 Köpfen bestand, war es gefährlich, die Tiere zu jagen. Wildgewordene Büffel können leicht ein Pferd überrennen und den Reiter in den Boden stampfen. Weil es seine erste Jagd war, wies Four Horns seinen Neffen an, sehr vorsichtig zu sein und sich nicht in die Mitte der Herde abdrängen zu lassen.

Anstatt auf seinen Onkel zu hören, preschte Jumping Badger mit einem angelegten Pfeil geradewegs in die Mitte der Herde. Er war hinter einem kräftigen Büffelstier her. Sein Schuss war sicher und streckte den Bullen nieder. Der Rest der Herde erschrak und rannte davon. Zum Glück wurde Jumping Badger auf ihrer panikartigen Flucht nicht von ihnen überrannt.

Four Horns war zwar wütend, aber auch sehr stolz auf seinen Neffen. Er fragte Jumping Badger, warum er diesen besonders großen Bullen ausgewählt habe, wo er doch auch eine Büffelkuh näher am Rand der Herde hätte erlegen können. Der Junge antwortete, dass er die Kuh gesehen hätte, aber er hätte auch das Kalb gesehen, und wenn er die Kuh getötet hätte, dann wäre auch ihr Junges verendet.

Four Horns war erstaunt über das Mitgefühl seines jungen Neffen. Er befahl Jumping Badger, ein Stück der Leber des Büffels zu essen. Die Leber, welche die Gifte aus dem Körper herausfiltert, ist das am meisten verunreinigte Teil des Tieres. Die Leber zu essen war eine Art, um dem Geist des Büffels zu danken, dass er sein Leben gegeben hatte, damit das Volk leben konnte. Dann wies Four Horns den Jungen an, seine Mutter und seine Verwandten zu holen, damit sie halfen, das Fleisch haltbar zu machen.

Schnell ritt Jumping Badger zum Tipi seiner Mutter und bat sie, ihre scharfen Messer mitzubringen und alle Verwandten, damit sie das Fleisch haltbar machen konnten. Als sie ihre Geräte zum Häuten und Zerlegen zusammentrug, gab Jumping Badger seiner Mutter einen weiteren Grund, stolz auf ihn zu sein. Er zog sie nach draußen und zeigte unmerklich auf ein Tipi in der Nähe, in dem eine Witwe mit ihren beiden Kindern lebte. Er bat seine Mutter, ein paar gute Stücke des Fleisches herauszuschneiden und sie der Witwe zu geben. Weil sie niemanden hatte, der für sie und ihre Kinder sorgte, war dies seine Art für ihr Wohlergehen zu sorgen. Jumping Badger war gerade mal zehn Jahre alt, als er sein Mitgefühl und seine Großzügigkeit zeigte.

Er verdient sich seinen Namen

Jumping Badgers Vater, Returns Again, war ein äußerst spirituller Mensch und besaß die Fähigkeit, mit den Vierbeinern zu kommunizieren. Eines Tages, etwa zu der Zeit, als Jumping Badger seinen ersten Büffel erlegte, ging Returns Again zusammen mit einer Gruppe von Kundschaftern auf die Suche nach Büffeln. Die Gruppe hatte ein Nachtlager aufgeschlagen, als plötzlich ein großer weißer Büffel am Rande des Lagerfeuers erschien. Die Gruppe der Scouts war erschrocken und sie ergriffen die Flucht – mit Ausnahme von Returns Again. Der Büffelstier bäumte sich auf und brüllte, als er sich mit seinen Vorderhufen stampfend fallen ließ. Er tat das vier Mal und dann drehte er sich um und verschwand in der Nacht.

Dann kamen die anderen Scouts zum Feuer zurück und fragten sich, aus welchem Grund sich der Büffel so seltsam benommen hatte. Returns Again sagte, der Stier sei gekommen, um ihm ein Geschenk zu machen. Das Geschenk waren vier Namen, die der Büffel gebrüllt hatte. Der erste Name war Tatanka Iyotake, der zweite Psica Tatanka, der dritte Tatanka Wanjila und der vierte war Tatanka Wi Uha Najin. Die Namen bedeuteten „Büffelstier, der im Begriff ist sich hinzusetzen“ (Sitting Bull), Jumping Bull (Springender Büffel), One Bull (Ein Bulle) und White Bull (eigentlich: Bulle steht mit einer Kuh). Returns Again sagte seinen Freunden, dass dies ein besonderer Segen und ein Geschenk vom Büffelvolk wäre, und so behielt er den ersten Namen für sich. Er sagte: „Von diesem Tag an wird man mich Tatanka Iyotake nennen.“

Jumping Badger hatte viele Dinge durch Geschichten gelernt, aber auch dadurch, dass er sich ein Beispiel an seinem Onkel Four Horns nahm. Er lernte die Schöpfungsgeschichte und wie das Volk der Lakota das Geschenk der Heiligen Pfeife erhielt und die Zeremonien, die damit verbunden waren.

Four Horns erklärte Jumping Badger, er müsse mutig und mitfühlend sein und stets Standhaftigkeit zeigen, und er solle immer versuchen, Weisheit von Wakan Tanka, dem Großen Geheimnis zu erhalten. Ein wahrer Krieger weiß mehr als nur, wie man seine Familie ernährt oder einen Feind tötet. In der Tat, es wurde als viel mutiger angesehen, den Feind nicht zu töten, sondern einen Coup zu zählen, indem er den Körper des feindlichen Kriegers mit einem besonderen Coup Stick berührte, ohne ihn zu verletzen. Ein Krieger, dem ein „unblutiger Coup" gelang, wurde sehr geachtet. Der Feind jedoch, an dem ein Coup gezählt wurde, war zutiefst beschämt.

Als Jumping Badger vierzehn Jahre alt war, schloss er sich zusammen mit seinem Onkel Four Horns und seinem Vater Tatanka Iyotake einem Raubzug an. Eine Gruppe von Crow, die viele schöne Pferde besaß, lagerte in einem Tal. Die Versuchung war für die Lakota unwiderstehlich. Sie schlichen sich so nah wie möglich heran und fielen dann in das Lager der völlig überraschten Crow ein.

Jumping Badger war einer der ersten, der die erschrockenen Crow-Krieger erreichte. Mit dem Coup Stick, den er von Four Horns bekommen hatte, zählte er einen Coup an einem der Crowkrieger. Die anderen Lakota-Krieger wurden alle Zeuge dieses erfolgreichen Coups. Jumping Badgers Vater war so stolz auf seinen Sohn, dass er auf ihn zuging und ihn umarmte. Dann sagte er: „Von heute an bist du ein Krieger. Du bist jetzt ein Mann!"

Der Raubzug war sehr erfolgreich. Es wurden viele schöne Pferde erbeutet, aber an diesem Tag begann die Siegesfeier erst, nachdem die Krieger ins Dorf zurückgekehrt waren. Tatanka Iyotake veranstaltete ein großes Festessen. Es wurde getanzt, gegessen und Heldengeschichten aus der Vergangenheit erzählt. Schließlich bat Tatanka Iyotake um Ruhe und sagte den Leuten: „Heute feiern wir die Geburt eines Kriegers".

Er sprach über Jumping Badgers ersten Coup und wie er seinen Mut gezeigt hatte. Nachdem Tatanka Iyotake seine Schilderung über Jumping Badgers mutige Tat beendet hatte, bat er einige Krieger, die geraubten Pferde in die Mitte des Lagers zu bringen. In Anerkennung der Tapferkeit seines Sohnes wollte Tatanka Iyotake diese Pferde verschenken. Er ging im Kreis herum und verteilte die Pferde an diejenigen, die sie brauchten.

Das letzte Pferd, einen herrlichen Braunen, hielt er zurück. Er ging auf Jumping Badger zu und sagte:
„ Ich stecke diese Feder vom Schwanz des Adlers in dein Haar als Symbol für deinen ersten Coup und ich gebe dir dieses schöne braune Pferd, das Pferd eines Kriegers, und diesen Schild. Mögen sie dir gute Dienste leisten."

Der Schild war rund und aus Büffelrohhaut gefertigt. In der Mitte war er mit einem schwarzen Donnervogelmotiv bemalt. Zwei Halbkreise, ein roter und ein schwarzer, umrahmten den Donnervogel. Diesen Schild würde der Junge nun während seines Lebens als Krieger mit sich führen.
Tatanka Iyotake tauchte seine Hand in einen Topf, und als er sie herauszog, war sie schwarz. Dann bemalte er seinen Sohn mit dieser schwarzen Farbe und erklärte feierlich:
„Dies ist mein Sohn, und von diesem Tage an soll er nicht länger nackt sein, denn er ist jetzt ein Krieger der Bad Bow Sippe der Hunkpapa Lakota Nation. Vom heutigen Tage an werde ich Jumping Bull sein und der Name dieses Kriegers wird Tatanka Iyotake sein "
Und so verlieh der Vater von Jumping Badger seinem Sohn den Namen eines Erwachsenen, den der für den Rest seines Lebens tragen würde. „Jumping Badger" hörte auf zu existieren und das einzigartige Leben von Tatanka Iyotake begann.
Die Zahl der Kämpfe, in die die Lakota verwickelt waren, wurde von keinem der anderen Präriestämme übertroffen, deshalb waren die Erwartungen, die an einen Hunkpapa-Krieger gestellt

wurden, ziemlich hoch. Tatanka Iyotake gewann stetig an Respekt und Ansehen, und er verweigerte nie die Teilnahme an einer Schlacht.

Im Alter von 15 Jahren geriet er mit einigen Lakota-Kriegern in einen Hinterhalt der Flatheads. Die Flatheads hatten sich gut verschanzt und empfingen die Lakota mit einem Regen aus Kugeln und Pfeilen.

Tatanka Iyotake sagte den Kriegern, dass er entlang der Schusslinie reiten würde. Die Schusslinie entlangzureiten bedeutete, zwischen den sich gegenüberstehenden Gegnern in Reichweite der gegnerischen Waffen zu reiten. Der Reiter wurde damit zur lebenden Zielscheibe für die vereinten Kräfte der feindlichen Krieger. Das war für den Krieger, der dies tat, ein großes Risiko. Er konnte verletzt oder sogar getötet werden. Aber es zeigte auch seinen Mut.

Tatanka Iyotake erhöhte das Risiko getroffen zu werden noch, indem er aufrecht auf seinem Pferd sitzen blieb, statt den Hals seines Pferdes als Deckung zu nehmen. Er setzte sich einem Hagel aus Kugeln und Pfeilen aus, aber keine Kugel und kein Pfeil erreichte sein Ziel, bevor er das Ende dieser Linie erreichte. Dort traf die Kugel einer Muskete seinen linken Fuß. Trotz seiner schmerzhaften Wunde zog er sich nicht vom Kampf zurück.

Als die Krieger später zum Lager zurückkehrten, wurde eine weitere Siegesfeier für Tatanka Iyotake abgehalten. Als Anerkennung für seine Verwundung auf dem Schlachtfeld erhielt er eine rote Adlerfeder.
In den folgenden Jahren zählte er 69 Coups und wurde mindestens drei Mal in der Schlacht verwundet. Für jede dieser Taten war er berechtigt, eine Adlerfeder zu tragen. Aber Tatanka Iyotake war ein bescheidener Mann, und so beschloss er, stets nur eine aufrecht stehende Adlerfeder zu tragen: Sie symbolisierte

seinen ersten Coup gegen die Crow. Außerdem trug er eine rote Feder, leicht nach rechts geneigt, die auf seine erste Verwundung in der Schlacht hinwies.

Der Bund der starken Herzen

Wenn man die jungen Männer als Krieger anerkannte, wurden sie von den verschiedenen Männerbünden eingeladen, neue Mitglieder zu werden. Diese Männerbünde bestanden aus allen männlichen Erwachsenen, die für den Schutz und die Versorgung des Volkes verantwortlich waren. Während sie bei den Weißen als Kriegerbünde bezeichnet wurden, waren sie in Wirklichkeit viel mehr als das.

Jeder dieser Männerbünde teilte ein gemeinsames Gefühl der Identität und einer größeren Verantwortung gegenüber der gesamten Gruppe, die weit über eine rein militärische Definition hinausging. Ein Mann musste zuerst seinen Wert unter Beweis stellen, bevor er eingeladen wurde, einer dieser Gesellschaften beizutreten. Wenn er erst Mitglied war, dann fiel sein weiteres Verhalten auch auf die anderen zurück. Dies bedeutete, dass die Mitglieder dieser Gesellschaften verpflichtet waren, die Ehre der gesamten Gruppe im Krieg, wie auch im Frieden aufrechtzuerhalten.

Tatanka Iyotake wurde eingeladen, ein Mitglied des Bundes der Starken Herzen zu werden. Der Bund der Starken Herzen war die renommierteste Kriegergesellschaft des Hunkpapa Stammes. Sie waren nicht nur Beschützer des Volkes, sondern sie versorgten und kümmerten sich auch um die Bedürftigen und Waisen.

Innerhalb des Bundes der Starken Herzen gab es stets zwei Männer, die man zu Schärpenträgern ernannte. Diese beiden Krieger gelobten, in die Schlacht zu reiten und ihre Schärpen am Boden festzustecken. Dort würden sie bis zum Sieg oder Tode kämpfen. Sie würden so lange mit ihren Schärpen am Boden festgenagelt bleiben, bis ein anderes Mitglied des Bundes sie befreite. Im Alter von siebzehn Jahren wurde Tatanka Iyotake einer dieser Schärpenträger.

Und so geschah es eines Tages, dass die Krieger vom Bund der Starken Herzen auf der Suche nach einem Crow-Lager waren. Sie planten gerade, Pferde zu erbeuten, als einige Kundschafter zurückkamen und ein Crow-Lager meldeten, welches sich ganz in der Nähe befand. Sie entschieden sich, die Crow im Schutze der Dunkelheit zu überraschen. Die Lakota konnten zwar erfolgreich viele Pferde erbeuten, doch die Crow verfolgten sie und so hielten einige Krieger an, um sich dem Feind entgegen zu stellen.

Die Crow hatten nicht erwartet, dass die Hunkpapa hinter einer Anhöhe auf sie warteten. Obwohl sie überrascht waren, wagten sich drei der Crow-Krieger in die Reihen der Lakota vor. Einer der Crows berührte zwei Lakota mit seinem Coupstab, während der zweite Crow-Krieger sein Gewehr abfeuerte und einen Lakota tötete. Ein Krieger der Hunkpapa ritt vor, um den dritten Crow-Krieger herauszufordern. Dieser Krieger stieg von seinem Pferd ab und rief: „Ich bin Tatanka Iyotake und ich bin gekommen, um zu kämpfen."

Tatanka Iyotakes Ruf als großer Krieger hatte sich noch nicht im Land herumgesprochen, doch der Crowkrieger hatte vielleicht die Kleidung dieses Lakotakriegers bemerkt. Denn dieser trug eine eindrucksvolle Kopfbedeckung mit geschwärzten, nach vorn gerichteten Büffelhörnern, an denen noch die Haare befestigt waren. Außerdem hatte er eine rote wollene Schärpe, die mit Adlerfedern geschmückt war, über seine Schulter gelegt. Die Crow hatten offensichtlich schon von solchen Kriegern und ihrer Tapferkeit gehört. Der Crow-Krieger wusste, dass er einem Schärpenträger der Strong Heart Society (Bund der Starken Herzen) gegenüberstand.

Gerade dieses Wissen, wem man da gegenüberstand, könnte einem das Blut in den Adern gefrieren lassen, aber die Crow waren ebenfalls mutige Krieger. Der herausgeforderte Crow-Krieger stieg von seinem Pferd und rannte dem Krieger der Starken

Herzen entgegen. Nun hatte auch der Lakota-Krieger eine Chance, seinen Gegner zu mustern. Die Art seiner Kleidung identifizierte ihn eindeutig als Häuptling.

Der Crow-Häuptling trug ein Steinschlossgewehr in seinen Händen. Die Entfernung zwischen den beiden Kriegern verringerte sich schnell. Plötzlich ließ sich der Crow auf ein Knie nieder und hob sein Gewehr. Tatanka Iyotake warf sich zu Boden und nahm hinter seinem Schild Deckung. Der Crow feuerte und seine Kugel traf den Schild. Sie prallte daran ab und traf Tatanka Iyotake als Querschläger in den linken Fuß.

Tatanka Iyotake ließ sein Schild fallen, zielte und schoss dem Crow in die Brust. Dann humpelte er zum Crow-Häuptling hinüber und stach sein Messer in das Herz des Crow. Die Macht des Häuptlings wurde durch diese Handlung auf den Sieger übertragen. Dann griffen die anderen Lakota-Krieger die Crow an, zerstreuten sie und zwangen sie zum Rückzug.

Die zweite Wunde am linken Fuß verheilte nicht richtig und so hinkte Tatanka Iyotake bis zum Ende seines Lebens. Aber das Hinken behinderte ihn nicht, und er konnte immer noch schnell laufen. Es führte dazu, andere immer an seine Tapferkeit und seinen Mut zu erinnern.

Etwa zu der Zeit, als er Mitte zwanzig war, wurde Tatanka Iyotake zu einem der Anführer des Bundes der Starken Herzen gewählt. Innerhalb des Bundes der Starken Herzen gründete er eine Untergruppe, die aus einem Bündnis freiwilliger Krieger bestand, die ihre Treffen und Beratungen um Mitternacht abhielten. Es war völlig unüblich, jemandem in so einem jungen Alter eine Führungsposition zu übertragen, aber Tatanka Iyotake hatte sich diese Position verdient und er enttäuschte seine Wähler nicht.

Jumping Bull

In den späten 1850er Jahren ereignete sich etwas sehr Bedeutendes im Familienleben Tatanka Iyotakes. Die Strong Heart Society, die nördlich des Missouri River umherzog, traf auf ein Lager der Assiniboine. Es war nur eine einzige Familie, die am Ufer lagerte. Die Krieger der Strong Hearts überraschten die kleine Familiengruppe. Die Familie versuchte, ihr Lager zu verteidigen, aber sie waren keine ebenbürtigen Gegner für die Krieger. Die ganze Familie wurde ausgelöscht, mit Ausnahme eines kleinen Jungen. Er war ungefähr elf Jahre alt und immer noch mit einem Bogen und Pfeilen bewaffnet, wie ihn Kinder benutzten. Trotzdem hörte er nicht auf, auf die Krieger zu schießen.
Die Krieger beschlossen, auf die Ankunft von Tatanka Iyotake zu warten und ihn über das Schicksal dieses mutigen und verzweifelten Kindes entscheiden zu lassen.
Nachdem Tatanka Iyotake angekommen und von seinem Pferd abgestiegen war, ergriff der junge Hohe (Assiniboine) seine einzige Chance, die er hatte, um zu überleben. Er lief zum Anführer der Starken Herzen, legte die Hände um dessen Taille und flehte ihn an: „Ciye, Großer Bruder, rette mich".

Obwohl der Junge nicht gewusst haben konnte, wen er da vor sich hatte, rührte er das Herz Tatanka Iyotakes. Denn Tatanka Iyotake hatte gerade erst die Trauer um seinen erstgeborenen Sohn überwunden. Hinzu kam, dass er selbst das einzige männliche Kind seiner Eltern war. Er hatte keine jüngeren Brüder. Tatanka Iyotake sagte den Kriegern, dass er das Leben des Jungen verschonen und ihn als seinen Bruder annehmen wolle.

Der Wunsch Tatanka Iyotakes wurde den Ältesten vorgetragen, denn dazu war eine Hunkayapi-Zeremonie erforderlich. Das Hunkayapi (Verwandtschaft machen) ist eine der Zeremonien, die mit der Gabe der Heiligen Pfeife verbunden sind. Sie ermöglicht es Männern, aber auch Frauen, Verwandtschaft mit Leuten zu schließen, mit denen sie nicht blutsverwandt sind. Der Sinn und Zweck des Hunkayapi für die Lakota ist es, verwandtschaftliche Beziehungen zu gegnerischen Stämmen herzustellen, um Kriege zu beenden und Frieden zwischen den Völkern herzustellen. Aus diesem Grund ist diese Zeremonie eine sehr ernsthafte Angelegenheit. Jene, die eine Hunkabeziehung eingegangen sind, haben sich reiflich überlegt, dass sie füreinander verantwortlich sein wollen. Ihre Verbindung ist tiefer und viel wichtiger als die Beziehung zwischen Blutsverwandten. Und so prüften die Ältesten sehr genau und berieten die Angelegenheit, um sicherzustellen, dass beide, Tatanka Iyotake und der junge Assiniboine, diese Hunka-Zeremonie wirklich wünschten.

Dann unterzogen sich die beiden der Hunka-Zeremonie und bestätigten damit ihre Wahl, einander als Hunka anzunehmen. Als die Zeremonie vorbei war, waren sie das ganze Leben miteinander verbunden. Sie waren verpflichtet, sich gegenseitig zu beschützen und füreinander zu sorgen bis zum Tode. Dieser heilige Bund wurde von beiden Männern während ihres ganzen Lebens gehalten. Weil der Junge sich weigerte, zu seinem eigenen Volk zurückzukehren, nannte Tatanka Iyotake seinen Hunka-Bruder Stays Back (Bleibt-zurück), andere riefen ihn jedoch „Kleiner Assiniboine".

In dem Sommer nach der Hunka-Zeremonie war eine Abteilung der Strong Heart Society auf der Suche nach Büffeln. Gemeinsam mit seinem kleinen Bruder Stays Back und seinem alternden Vater Jumping Bull war auch Tatanka Iyotake bei dieser Gruppe.
Während einige Männer die Gegend absuchten, waren andere damit beschäftigt, einen neuen Lagerplatz zu suchen.
Tatanka Iyotake und Stays Back hatten sich der Gruppe der Scouts angeschlossen, aber Jumping Bull war im Lager geblieben, weil er unter Zahnschmerzen litt. Mit zunehmendem Alter bekam er immer mehr Schmerzen und Wehwehchen, aber die Zahnschmerzen waren das Schlimmste von allem. Sie wurden

mit der Zeit immer schlimmer. Trotzdem half er zusammen mit den anderen Alten den Frauen des Dorfes beim Aufbau der Tipis.

Als die Hunkpapa das Lager aufschlugen, ahnten sie nicht, dass sie von einer Gruppe Crow aus einem Versteck beobachtet wurden. Die Crow griffen die ahnungslosen Lakota aus dem Hinterhalt an. Zwei Lakota-Krieger wurden von Pfeilen niedergestreckt, aber die Starken Herzen erholten sich schnell von ihrem Schrecken und wehrten den Angriff ab.

Als ein Crow-Krieger schließlich zurückblieb, rief Jumping Bull: „Der gehört mir!"
Alle Leiden und Schmerzen des Alters waren vergessen, selbst die schrecklichen Zahnschmerzen, die ihn plagten. Er ritt allen voran und zielte mit Pfeil und Bogen auf den Feind. Der Crow jedoch sprang von seinem Pferd und feuerte sein Gewehr ab. Er traf Jumping Bull in die Schulter und brachte ihn damit aus dem Gleichgewicht.

Jumping Bull fand sein Gleichgewicht schnell wieder und griff von Neuem an. Der Crow griff nach seinem Messer. Jumping Bull tat dies ebenso, aber schließlich zeigte sich sein Alter, denn er war längst nicht so schnell und gewandt wie der Crow. Der Crow stach sein Messer in die Brust von Jumping Bull, zog es heraus und schlug ihn mit dem Knauf gegen die Oberseite des Kopfes. Jumping Bull fiel tot um.

Kurz nach dem Kampf kam Tatanka Iyotake zurück und man berichtete ihm vom Tod seines Vaters. Jumping Bull war kurz vor der Rückkehr seines Sohnes gestorben. Tatanka Iyotake machte sich auf den Weg, die Crow zu verfolgen, und als er sie eingeholt hatte, tötete er den Krieger, der Jumping Bull das Leben genommen hatte. Obwohl sie einer Übermacht gegenüber standen, kämpften die anderen Lakota gegen die übrigen Crow, von denen nur wenige entkamen.

Zwei Crow-Frauen wurden dabei gefangen genommen und zurück zum Lakotadorf gebracht. Die Zukunft für die beiden sah düster aus, denn die Lakota wollten Jumping Bulls Tod rächen. Als die Krieger Tatanka Iyotake trauern sahen, seine zerrissenen Kleider, seine abgeschnittenen Zöpfe und die Tränen, die über sein Gesicht liefen, waren sie umso fester entschlossen, die Crow-Frauen zu töten.

Aber selbst in seiner tiefsten Trauer zeigte sich Tatanka Iyotake weise und großmütig. Er bat die Leute, die beiden Frauen nicht anzurühren. Er sagte, dass sein Vater ein großer Krieger gewesen sei und er nun die Ehre gehabt hatte, den Tod eines Kriegers zu sterben. Es sei kein Hass in ihm.

Das Volk trauerte vier Tage lang und dann feierten sie ihren Sieg über die Crow. Tatanka Iyotake nahm als neues Familienoberhaupt an den Feierlichkeiten teil.
Später, als sich der Sommer dem Ende zuneigte, machten die Leute den beiden Crow-Frauen Geschenke, gaben ihnen Pferde und ließen sie zu ihrem Volk zurückkehren.

Nach vier Tagen der Trauer wurde Tatanka Iyotakes Vater Jumping Bull bestattet. Jetzt war für Tatanka Iyotake die Zeit gekommen, die erste Zeremonie durchzuführen, die dem Volk mit der Heiligen Pfeife gegeben wurde. Diese Zeremonie war das „Zurückhalten der Seele".

Dieser Brauch ist der Weg, wie die Verwandten eines Verstorbenen seine Seele zurückbehalten können. Es dient dazu, die Erinnerung und den Geist für ein Jahr bei der Familie zu halten.

Dem Verstorbenen wird eine Haarlocke abgeschnitten und im Tipi der Familie aufbewahrt. Während der Zeit des „Zurückbehaltens der Seele" bezieht die Familie den Geist des Verstorbenen in ihr tägliches Leben ein. Der Geist wird mit Höflichkeit behan-

delt. Ihm wird Nahrung und Wasser gereicht, so als wäre er ein lebendes Mitglied der Familie.
Wenn das Jahr um ist, wird eine Zeremonie durchgeführt, die das „Freilassen der Seele" heißt. Hierbei laden die Verwandten die Mitglieder des Dorfes zu einem Festmahl und einem Giveaway (Verschenkfest) ein. Dann werden die Habseligkeiten des Verstorbenen an die Armen des Lagers verteilt. Anschließend wird die Seele oder der Geist formell entlassen, damit er seine Reise in die Geisterwelt antreten kann. Die Haarlocke wird entweder vergraben oder verbrannt und dem Geist wird Wakapa pi (zerstoßenes Trockenfleisch) für die Reise in die Geisterwelt mitgegeben.

Es gibt kein Wort für „Auf Wiedersehen" in der Sprache der Lakota. Wenn Lakota voneinander scheiden, sagen sie stattdessen: „Toksha Ake". Das bedeutet: „Ich sehe Dich wieder".
Das „Freilassen der Seele" ist nur ein vorübergehender Abschied, bis die Verwandten in der Geisterwelt wieder zusammenkommen.

Zu diesem Zeitpunkt fühlte Tatanka Iyotake, dass die Erinnerung an seinen Vater am besten aufrecht erhalten werden könnte, in dem sein heiliger Name an jemanden verliehen wurde, der den Namen mit Demut, Respekt und Achtung für seinen Vater tragen würde. Am Ende der Zeremonie, in der die Seele seines Vaters freigelassen wurde, bat er um eine Namengebungszeremonie, um den Namen Jumping Bull einer Person zu verleihen, die würdig genug war, diesen Namen mit Achtung und Respekt zu tragen.
Seine Wahl fiel auf seinen Hunka-Bruder Stays Back, oder wie andere ihn nannten, Little Assiniboine. Er führte seinen Hunka-Bruder in die Mitte des Lagers und teilte den Leuten mit, dass er sich entschieden habe, den heiligen Namen seines Vaters an Stays Back weiterzugeben. „Von diesem Tage an ist sein Name Jumping Bull".

Dann gab es noch ein Give-away, in dem die Armen Geschenke erhielten. Sein Hunka-Bruder wurde auf ein schönes Pferd gesetzt, im Lager herumgeführt, und es wurden Loblieder auf seinen neuen Namen gesungen. Der neue Jumping Bull ging sehr respektvoll mit dem Namen um und trug ihn mit Ehre, bis zu seinem Tode am 15. Dezember 1890.

Frauen und Kinder

Nach der Auffassung der Lakota gibt es vier harte Schicksalsschläge, die im Leben eines Menschen geschehen können: erstens, sein erstgeborenes Kind zu verlieren; zweitens, seine Ehefrau zu verlieren; drittens, seine Familie nicht ernähren zu können und viertens, einer großen Gruppe feindlicher Krieger in Unterzahl gegenüber zu stehen. Tatanka Iyotake musste mit allen vier Problemen im Leben fertig werden.

Tatanka Iyotake zeigte eine Reife und ein Verständnis für das Leben, mit denen er andere junge Männer seines Alters bei Weitem übertraf. Das Maß seiner Verantwortung war deshalb auch viel höher. Es wurde von ihm erwartet, sich in vielen Bereichen um sein Volk zu kümmern. Seine Position verlangte von ihm, dass er für seine Leute weise Entscheidungen traf, und so war er für ihr allgemeines Wohlbefinden verantwortlich. Tatanka Iyotake brauchte daher die Hilfe einer Frau, um die Aufgabe, für sein Volk zu sorgen, erfüllen zu können. Aus diesem Grund heiratete er früh, als er noch in den Zwanzigern war. Das war zu dieser Zeit für die Lakota Männer nicht üblich, denn sie zogen keine Heirat in Erwägung, ehe ein Mann nicht in seinen Dreißigern, manchmal sogar in den Vierzigern war. Die Frau, die Tatanka Iyotake als Partnerin erwählte, hieß Light Hair (Helles Haar).

Die Vereinbahrungen des Zusammenlebens für verheiratete Paare unter den Lakota beruhten auf der Tatsache, dass der Frau das Tipi gehörte. Es war Aufgabe der Frauen, sich um die Unterkunft und alles, was dazu gehörte, zu kümmern. Nur wenn eine Frau ihren Mann darum bat, durfte er ihr bei diesen Aufgaben helfen, und das bezog sich nur auf sehr wenige Dinge, wie zum Beispiel das Aufstellen des Tipis oder Haushaltstätigkeiten wie das Sammeln von Holz oder das Holen von Wasser. Als Tatanka Iyotake und Light Hair heirateten, gehörte ihr damit das Zelt und sie war dafür verantwortlich.

Es dauerte nicht lange und Light Hair wurde schwanger. Im Jahre 1857, weniger als zwei Jahre nach ihrer Hochzeit, gebar sie Tatanka Iyotakes erstes Kind, einen Sohn.

In jenen Tagen war es für eine Frau eine sehr gefährliche Angelegenheit, ein Kind zu gebären. Jede Komplikation konnte zum Tod der Mutter oder des Kindes führen oder sogar beide töten. Light Hair war gerade 24 Jahre alt, und sie überlebte die Geburt ihres Sohnes nicht. Tatanka Iyotake trauerte um den Verlust seiner Frau, aber er war auch stolz auf die Geburt seines Sohnes.

Wenn ein Mann mit kleinen Kindern seine Frau verlor, dann standen ihm seine nächsten Familienmitglieder, seine Schwestern und/oder seine Mutter zur Seite und kümmerten sich um ihn und die Kinder. Hatte er keine Schwester oder keine Mutter mehr, hätte er Hilfe von seiner Großfamilie bekommen, zum Beispiel einer Cousine, oder wenn er verheiratete Brüder hatte, von deren Ehefrauen.
Der Witwer und sein Kind lebten weiter im Tipi, das er mit seiner verstorbenen Frau geteilt hatte. Seine weiblichen Verwandten kümmerten sich jetzt um das Tipi und übernahmen die grundlegenden Aufgaben wie das Kochen und die Erziehung des Kindes.

Zu Lebzeiten Tatanka Iyotakes vernachlässigte man bei den Lakota keine Kinder. Manchmal kümmerte sich das ganze Dorf um sie. Kinder wurden als „etwas Heiliges wächst heran" betrachtet und ihnen wurde die beste Fürsorge entgegengebracht. Trotzdem waren die Krankheiten manchmal stärker und holten sich die kleinen Kinder.
Das war der Fall bei Tatanka Iyotakes Sohn. Er wurde von einer Krankheit heimgesucht und trat im jungen Alter von vier Jahren die Reise in die Geisterwelt an. Tatanka Iyotake war zutiefst erschüttert und trauerte erneut. Innerhalb von vier Jahren hatte er die zwei schlimmsten Prüfungen im Leben eines Lakota Mannes erfahren.

Nach dem Tod seines Vaters Jumping Bull im Jahre 1859 übernahm Tatanka Iyotake die Verantwortung, für seine Mutter zu sorgen, Her Holy Door (Ihre heilige Tür).
Er verlegte sein Tipi neben das ihre, damit er auf sie aufpassen und sie beschützen konnte.

Als Tatanka Iyotake das zweite Mal heiratete, erwählte er eine Frau namens Snow on Her. Sie gebar ihm zwei Töchter: Many Horses, geboren im Jahre 1865, und Walks Looking, geboren 1868. Tatanka Iyotake war ein Mann, der Kinder liebte, und er liebte seine Töchter sehr. Im Jahre 1866 entschied er sich, eine Zweitfrau zu nehmen. Er wählte Red Woman zur Frau. Das war eines der wenigen Male in seinem Leben, in dem Tatanka Iyotake eine Fehlentscheidung traf.
Die beiden Frauen vertrugen sich nicht. Wenn ein Mann sich zwei Frauen erwählte, dann nahm er sich gewöhnlich zwei Schwestern, damit sie harmonisch zusammenarbeiten konnten. Die erste Frau war gewöhnlich älter und hatte auf Grund ihres Alters einen leicht höheren Rang. Tatanka Iyotake liebte und kümmerte sich um beide Frauen gleich, deshalb erwartete er, dass die beiden Frauen einander respektierten und sich gegenseitig liebten.

Aber Snow on Her war offensichtlich nicht erfreut über die Hilfe, die Red Woman ihr geben konnte. Stattdessen war sie extrem eifersüchtig auf die neue Frau, besonders deshalb, weil beide Frauen gleichaltrig waren, und dieser Umstand ihre Autorität gegenüber der anderen schmälerte.
Hinzu kam, dass Tatanka Iyotake die Gegenwart von Red Woman zu bevorzugen schien. Und so wurde Snow on Her verbittert und feindselig. Sie stiftete mit ihrem Groll gegen Red Woman eine Menge Unruhe im Lager.
Ihre emotionalen Ausbrüche waren höchst unpassend und schockierten jeden im Dorf.
Anstatt das gesellschaftliche Ansehen ihres Mannes innerhalb des Stammes zu fördern und ein Beispiel für ein harmonisches

Heim zu sein, erregte Snow on Her erhebliche öffentliche Missbilligung. Trotz seinem Talent als Friedenstifter war Tatanka Iyotake nicht in der Lage, dem schlechten Benehmen seiner Frau Einhalt zu gebieten. Erschwerend kam hinzu, dass er seine zweite Frau Red Woman tatsächlich lieber mochte.

Der ewigen Streiterei überdrüssig, entschloss sich Tatanka Iyotake, sich von Snow on Her scheiden zu lassen. Er schickte sie zu ihrer Familie zurück und der Alltagsfrieden war wieder hergestellt. Die zwei Töchter, die sie Tatanka Iyotake geboren hatte, blieben jedoch bei ihrem Vater. Many Horses und Walks Looking würden im Haushalt ihres Vaters zusammen mit ihrer Großmutter väterlicherseits und den anderen Ehefrauen und Kindern ihres Vaters aufwachsen.

Im Jahre 1870 schenkte Red Woman einem Sohn das Leben. Aber im Jahre 1871 starb auch sie. Die Verantwortung für das Kind ging nun auf Tatanka Iyotakes Mutter und seine Familie über.

Zu diesem Zeitpunkt war Tatanka Iyotake vierzig Jahre alt. Er war zweifacher Witwer, einmal geschieden und hatte drei kleine Kinder. Seine Aufgaben wurden mehr und mehr und er brauchte dringend eine neue Frau. Ein knappes Jahr nach dem Tod von Red Woman heiratete er wieder.
Dieses Mal erwählte er eine Witwe, Seen By Her Nation und kurz darauf heiratete er ihre ebenfalls verwitwete Schwester Four Robes. Die beiden Frauen hatten bei ihrem Bruder Grey Eagle gelebt, und jede brachte einen Sohn mit in die Ehe. Seen By Her Nations Sohn hieß Refuses Them. Er war taubstumm und wurde später unter dem Namen John Sitting Bull bekannt. Four Robes Sohn hieß Little Soldier und wurde später Henry Little Soldier genannt.

Schließlich stabilisierte sich das häusliche Leben von Tatanka Iyotake. Bis an sein Lebensende arbeiteten die beiden Schwestern harmonisch zusammen. Seen by her Nation wurde die Mutter von Crowfoot und Standing Holy Woman. Four Robes gebar Lodge in Sight Woman und zwei Zwillingspaare. Nur einer der vier Jungen überlebte – Runs Away From, später als William Sitting Bull bekannt. Außerdem bekam Four Robes noch ein Mädchen. Das verstarb allerdings vor ihrem ersten Geburtstag. Darüber hinaus übernahmen die beiden Frauen die Verantwortung für die anderen drei Kinder, Many Horses, Walks Looking, und den Sohn von Red Woman.

In die Sonne starren: Die erste Vision

Four Horns zeigte Tatanka Iyotake viele Dinge allein durch sein Vorbild, aber auch andere Dinge, was die Herstellung einer Pfeife und eines Pfeifenstiels einschloss. Das ist unerlässlich für jeden, der beten oder eine Zeremonie durchführen möchte. Er legte Wert darauf, dass Tatanka Iyotake die mächtige Bedeutung des Wiwang Wacipi (In die Sonne Schauen während man tanzt) lernte und verstand. Der Name dieses Tanzes wird von den Weißen kurz als Sonnentanz bezeichnet. Tatanka Iyotake verpflichtete sich, sich dem Wiwang Wacipi zu unterziehen. Doch damit er dies tun konnte, nahm er erst am Inipi, der Schwitzhüttenzeremonie zur Reinigung der Seele teil. Anschließend unterzog er sich dem Hanblecheyapi (Während der Nacht um eine Vision flehen), bzw. der Visionssuche, um Führung von den Geistern zu erbitten.

Der Wiwang Wacipi ist ein Ritual, an dem ein Mensch teilnimmt, um für die Gesundheit und das Wohlergehen des Volkes zu flehen. Es ist aber auch ein Fruchtbarkeitsritus für den Fortbestand der Nation. Derjenige, der sich dazu verpflichtet hat, tanzt und schaut in die Sonne, während er seine Gebete durch die Adlerknochenpfeife darbringt.

Die Vorbereitungen für diese heilige Zeremonie beginnen damit, dass ein offener Platz ausgewählt wird und ein Kreis mit einem Durchmesser von etwa sechs Fuß gezogen wird. Der Wiwang Wacipi Pfahl (Sonnentanzpfahl) kommt in die Mitte des Kreises. Ein Wicasa Wakan (ein heiliger Mann) sucht den Cottonwoodbaum aus, der zum Sonnentanzpfahl bestimmt wird und markiert ihn für die Zeremonie.

Am Abend vor dem Wiwang Wacipi ziehen die Krieger des Dorfes aus, um den markierten Baum zu finden. Sie greifen den Baum wie einen Feind an und berühren ihn mit ihren Coupstäben. Nachdem der feindliche Baum besiegt wurde, tritt ein jungfräuliches Mädchen hervor und macht die ersten vier Schläge an dem Baum, einen für jede Himmelsrichtung. Diese Aufgabe ist eine große Ehre für ein junges Mädchen, weil sie die Weiße Büffelkalbfrau repräsentiert.

Den Sonnentanzpfahl zu fällen ist auch eine Ehre für diejenigen, die sich zum Wiwang Wacipi verpflichtet haben. Der Baum darf den Boden nicht berühren und jene, die an der Zeremonie des Baumfällens teilnehmen, tragen den Cottonwood zum Wiwang Wacipi Platz und legen ihn auf ein Bett aus großen Zweigen. Spirituelle Symbole und Opfergaben werden an seine Zweige und den Stamm gebunden, bevor der Baum aufgerichtet wird. Ein Bündel von Chokecherryzweigen wird an der Gabelung des Baumes befestigt. An einem Ende des Chokecherrybündels ist eine kleine Figur eines Wiwang Wacipi Mannes mit erigiertem Penis befestigt. Am anderen Ende befindet sich eine Büffelfigur, ebenfalls mit einem erigierten Penis. Diese Figuren symbolisieren Fruchtbarkeit, sie sind als Gebet zu verstehen, damit die Nation der Lakota und das Büffelvolk immer zahlreich und fruchtbar sein mögen.

In der Mitte des sechs Fuß großen Platzes wird ein Loch gegraben, in das man Wakapa pi (zerstoßenes Fleisch), Tabak und Chokecherrysaft als Geschenke für den Baum hinein gibt. Dieser wird dann mit Hilfe von Lederriemen in eine aufrechte Position gebracht. Scharfkantiger Kies wird innerhalb des Platzes verstreut, um damit weitere Pein für die barfüßigen Tänzer zu erzeugen. Ein Mann, der sich dem Wiwang Wacipi unterzieht, opfert seinen Schweiß und vergießt sein Blut für das Wohlbefinden und den Fortbestand seines Volkes. Bevor er aber an der Zeremonie teilnimmt, reinigt er sich selbst durch Inipi-Zeremonien. Nur wenn sein Körper, seine Gedanken und sein Geist gereinigt sind, wird er weitermachen.

Der Flehende verpflichtet sich, unermessliche Leiden für sein Volk zu ertragen, und lässt das Fleisch seines Oberkörpers (oberhalb seiner Brust) von angespitzten Knochen oder Stäben durchbohren (piercen). Diese Piercingknochen werden mit Lederriemen versehen, mit denen der Flehende mit dem Baum verbunden wird. Die Piercingknochen im Rücken werden wiederum mit Büffelschädeln verbunden, die der Flehende über den kreisförmigen Tanzplatz ziehen wird.

Den ganzen Tag schaut der Tänzer in die Sonne, bläst auf einer Adlerknochenpfeife und zerrt an den Knochen, die sein Fleisch durchbohrt haben, bis die Haut reißt und er sich befreit hat.

Tatanka Iyotake verpflichtete sich, am Rücken und an der Brust gepierct am Sonnentanzbaum über dem Boden aufgehängt zu werden. Der Schmerz war enorm und er fiel in einen durch Schock hervorgerufenen Trancezustand. In diesem Trancezustand sah er sich selbst als kleinen Jungen, der unter einem Baum ruhte.

Als er dort in seinem Trancezustand lag, hörte er eine Stimme, die ihm sagte, dass er sich völlig ruhig verhalten solle. Dann fühlte er das raue Haar eines riesigen Grizzlybären und roch dessen ranzigen Atem. In seiner Vision lag Tatanka Iyotake bewegungslos. Endlich zog der Bär von dannen, denn Bären haben gewöhnlich kein Interesse an Lebewesen, die sie für tot halten.

Der Junge richtete sich auf, um nachzusehen, wer ihn gewarnt hatte, still liegen zu bleiben. In den Zweigen über ihm saß ein Specht. Tatanka Iyotake dankte dem Specht und sagte ihm, das die Zintkala Oyate, die Vogelnation, von nun an seine Verwandten seien.

Im nächsten Augenblick wurde er in einen jungen Mann verwandelt, der durch den Wald wanderte. Er stieß auf einen Wolf, dem zwei Pfeile in der Seite steckten. Der verletzte Wolf sagte: „Junge, wenn du mir hilfst, dann wird dein Name bei allen Völkern bekannt sein."

Tatanka Iyotake zog die Pfeile heraus und während der Wolf davon humpelte, fand sich Tatanka Iyotake an einem anderen Platz wieder, dieses Mal als Erwachsener. Er saß neben einem Wicasa Wakan, einem Medizinmann. Der Medizinmann saß schweigend da, als Tatanka Iyotake ihm von seiner Vision erzählte. Dann sagte er: „Du hast vieles erlebt. Du hast die Büffel gesehen, die Donnerwesen haben dich besucht, du bist von Wakan Tanka, dem Großen Geheimnis gesegnet." Er bemalte das Gesicht des jungen Mannes mit den Streifen eines Blitzes und gab ihm seine heiligen Farben und Muster. Diese werden den jungen Männern zum Schutz ihrer Seele und ihres Geistes gegeben. Immer wenn Tatanka Iyotake das Dorf verließ, bemalte er seine Stirn gelb und sein Gesicht mit einem roten Blitz, der sich von der Augenbraue bis zum Kiefer herunter zog.
Als der Heilige Mann fertig war, sagte er: „Deine Ehre ist groß, aber deine Verantwortung ist größer."

Als das Fleisch schließlich nachgab und Tatanka Iyotake endlich zu Boden fiel, hallten die Worte des Heiligen Mannes in seinem Kopf. Tatanka Iyotake hatte seinen ersten Wiwang Wacipi vollbracht. Die Visionen, die er während der Zeremonie hatte, bestätigten, dass er nun ein Heiliger Mann sein würde, genau wie sein Vater und sein Onkel zuvor. Von nun an konnte er mit Wakan Tanka und all den von ihm geschaffenen Wesen kommunizieren.

Begegnung mit den Amerikanern

Die Hunkpapa waren mit den Wasicu (weißen Amerikanern) bisher noch nicht in Kämpfe verwickelt worden. Doch nun waren diese dabei, in die Jagdgründe der Hunkpapa einzufallen. Zu diesem Zeitpunkt hatten die Wasicu bei den Dakota, Lakota, Nakota und auch den Cheyenne und Arapahoe-Nationen den Ruf, dass sie nicht mehr freiwillig abziehen würden, wenn sie erst einmal da waren. Und dass sie das, was sie erst einmal erobert hatten, nie wieder hergeben würden. Vor allem aber hatten sie den Ruf, dass sie nicht teilen konnten und die Hunkpapa erkannten schließlich, dass der Krieg unvermeidlich war.

Im Jahre 1863 ersuchte General Alfred Sully um ein Treffen mit den Hunkpapa, um über einen Friedensvertrag zu verhandeln. Tatanka Iyotake vertraute weder Sully noch irgendeinem anderen Mila Hanska (Langmesser), wie die amerikanischen Soldaten genannt wurden. Vertrauen musste man sich verdienen, und bisher hatten die Wasicus nichts dafür getan. Hinzu kam, dass die Friedensverträge mit anderen Völkern bisher stets gebrochen worden waren. Nicht ein einziger war gehalten worden. Das wussten selbst die Hunkpapa. Aus diesem Grund lehnte es Tatanka Iyotake ab, sich überhaupt mit Sully zu treffen.

Im darauf folgenden Jahr kam es schließlich doch zu einem Zusammentreffen der beiden Anführer, als Sully Tatanka Iyotakes Dorf am Killdeer Mountain angriff. Auf Grund von Ereignissen, die sich zwei Jahre zuvor hunderte von Meilen weiter östlich in Minnesota zugetragen hatten, kam es zu dieser Begegnung.
Beim sogenannten Dakota-Aufstand hatten sich die östlichen Verwandten der Tiatunwan Lakota gegen die Weißen erhoben. Die Kämpfe waren kurz, aber mit viel Blutvergießen verbunden und hatten die Massenexekution von 38 der beteiligten Dakota zur Folge, die öffentlich durch den Strang hingerichtet wurden.

Einige der Dakota flohen nordwärts nach Kanada, einige zogen nach Westen und einige von ihnen schlossen sich den Leuten von Tatanka Iyotake an.

Sully hatte diese Flüchtlinge verfolgt. Als er sie am Killdeer Mountain fand, griff er die zahlenmäßig weit unterlegenen Lakota an und tötete einige hundert von ihnen. Tatanka Iyotake kam schnell zu der ernüchternden Erkenntnis, wie die Soldaten der Wasicu, die Mila Hanska (Langmesser) kämpften: Sie kämpften, um zu töten, ohne Ehre oder persönlichen Ruhm. Tatanka Iyotake liebte es überhaupt nicht, auf diese Weise zu kämpfen, aber er hatte kaum eine Wahl.

Gleichzeitig erkannte er aber auch die Schwachpunkte in der Kriegsführung der Langmesser: Sie blieben immer in Gruppen zusammen. Lakota-Krieger kämpften individuell, bewegten sich ständig und gaben bewegliche und schwer zu treffende Ziele ab. Die Art, wie die Langmesser kämpften, bedeutete, dass selbst ein Krieger, der ein schlechter Schütze war, eine gute Chance hatte, jemanden zu treffen, wenn er in die Menge vor ihm hineinschoss. Tatanka Iyotake erkannte dies sofort.

Wenn es möglich gewesen wäre, hätte Tatanka Iyotake einen Friedensvertrag akzeptiert, der ihm und seinem Volk garantiert hätte, weiter in ihrer traditionellen Art und Weise zu leben. Aber ein solches Abkommen war höchst unwahrscheinlich. Es hätte bedeutet, dass die Wasicus die weiten offenen Landgebiete, die die Lakota als ihr Jagdgebiet beanspruchten, unbesiedelt hätten lassen müssen. Aber die weißen Siedler hätten dem vermutlich nie zugestimmt.
Anfangs verfolgte Tatanka Iyotake eine Politik der Vermeidung. Er hielt sich zurück, weiße Siedler anzugreifen, solange sie im Gegenzug die Lakota und ihre Jagdgründe in Ruhe ließen.

Der Häuptling der Lakota

Sehr zur Beunruhigung von Four Horns vollzog sich das Vordringen des Weißen Mannes immer schneller. Four Horns entschied, dass eine neue politische Führung notwendig sei. Im Jahre 1867 schickte er Boten zu allen Abteilungen der Lakota und anderen in der Nähe wohnenden Völkern aus und lud sie zu einer Zusammenkunft ein, um über diese wichtige Angelegenheit zu beraten. Sechs Stämme der Lakota, einige Yanktonais und ein paar Cheyenne folgten seiner Einladung und kamen zu seinem Lager am unteren Powder River.
Unter denen, die zuerst eintrafen, waren Crazy Horse und Gall. Sie erkannten den Ernst der Lage und stimmten mit Four Horns darin überein, dass eine neue Führung nötig wäre.

Four Horns eröffnete die Ratsversammlung, indem er den Häuptlingen und Ältesten erklärte, warum er eine neue Führung für notwendig hielt. Er wies darauf hin, dass er selbst im fortgeschrittenen Alter sei und ein jüngerer Wicasa (Mann) die Führung des Volkes übernehmen solle, und so schlug er seinen Neffen, Tatanka Iyotake, als neuen Häuptling der Tiatunwan Lakota Nation vor. Alle Ratsmitglieder stimmten Four Horns zu, dass Tatanka Iyotake eine gute Wahl sei, weil er trotz seiner 36 Jahre sehr vorausschauend dachte und handelte. Auch stimmten sie der Ernennung von Crazy Horse zum zweiten Anführer zu.

Das war eine sehr bedeutsame Entscheidung. Um die Ernsthaftigkeit dieser Entscheidung zu unterstreichen, veranstalteten die Lakota eine feierliche Zeremonie, die Tatanka Iyotake in sein neues Amt einführen sollte.
Vier Häuptlinge gingen zu Tatanka Iyotakes Tipi und führten ihn hinaus. Sie brachten ein Büffelfell mit und hießen ihn, sich daraufzusetzen. Dann trugen sie ihn zum Ratszelt, um die Zeremonie durchzuführen.

Four Horns hielt eine Rede. Er teilte allen mit, dass die Ratsversammlung Tatanka Iyotake zum neuen Häuptling ernannt hatte, und dass es nun in seiner Verantwortung läge, die Ernährung und die Verteidigung der Titunwan Lakota zu gewährleisten. Dann sagte er zu Tatanka Iyotake: „Wenn du uns sagst, dass wir kämpfen sollen, werden wir unsere Waffen erheben, und wenn du uns sagst, wir sollen Frieden schließen, dann werden wir sie niederlegen. Jetzt wollen wir die Cannunpa Wakan rauchen, die Heilige Pfeife, damit Wakan Tanka unsere Entscheidung segnen möge."

Dann wurde Tatanka Iyotake ein prächtiger Bogen mit Pfeilen und ein Gewehr überreicht. Außerdem erhielt er eine Haube mit einer Schleppe aus Adlerfedern, die über seinen Rücken bis auf den Boden reichte. Jede Adlerfeder an der Haube stand für einen Coup des Kriegers, der sie beigesteuert hatte. Und letztlich übergab man Tatanka Iyotake einen prachtvollen weißen Hengst. Man hob ihn auf den Rücken des Pferdes und führte ihn durch das Lager. Krieger von vielen verschiedenen Kriegergesellschaften, in ihre besten Gewänder gekleidet, folgten ihm und trugen ihre Adlerfedern mit Stolz.

Tatanka Iyotake hatte auch die Gabe, Lieder zu komponieren. Als er im Lager herumgeführt wurde, begann er zu singen: „Oyate kinhan caja mayatanpi ca blihimic'iyelo he. Tatanka Iyotake he heyakiyapilo he." (Wenn die Leute meinen Namen aussprechen, bin ich voller Demut. Dies sagt euch Tatanka Iyotake.)

Nach dieser Zeremonie akzeptierte Tatanka Iyotake die Bürde, für das Wohlergehen seines Volkes verantwortlich zu sein.

Die Brule unter Spotted Tail und die südlichen Oglala unter Red Cloud aber hatten nicht an der Ratsversammlung teilgenommen. Sie weigerten sich, Tatanka Iyotake als ihren Häuptling anzuerkennen.

Arrow Creek

Tatanka Iyotake hielt an seiner Entscheidung fest, sich den weißen Siedlern gegenüber nicht feindselig zu verhalten, solange sie mit seinem Volk Frieden hielten. Das bedeutete nicht, dass die Lakota in Frieden lebten, lediglich, dass die Kämpfe mit anderen Stämmen und nicht mit den Weißen ausgetragen wurden. In diesen kleineren Gefechten ging es gewöhnlich um Jagdrechte. Die Kämpfe wurden auf traditionelle Weise ausgetragen, in denen dem Krieger, der einen Coup zählte, mehr Ehre zuteil wurde, als jenem, der einen Feind getötet hatte. Aber mehr und mehr wurde die Kriegsführung der Wasicu von den Stämmen überall im Land übernommen.

Im Winter des Jahres 1870 fand eine besonders heftige Schlacht an einem Ort statt, der Big Dry Creek genannt wurde. Er befand sich am oberen Yellowstone River. Tatanka Iyotake hatte drei Coups gezählt, aber unglücklicherweise kamen 30 Lakota-Krieger ums Leben. Es war ein verlustreicher Kampf, denn sein jüngster Onkel Looks for Him In a Tent wurde ebenfalls getötet. Wieder einmal musste Tatanka Iyotake einen engen Verwandten betrauern.

Ein paar Monate später lagerte Tatanka Iyotake mit einer großen Zahl seiner Leute an der Mündung des Rosebud Flusses. Um die Aufmerksamkeit der Leute auf sich zu ziehen, erhob er sich, zündete seine Pfeife an und erzählte ihnen von einer Vision, die er erhalten hatte.
„In zwei Tagen wird es eine große Schlacht geben, in der viele Feinde und auch einige Lakota sterben werden", sagte er. In seiner Vision sah er einen Feuerball auf ihn zukommen, aber kurz bevor der ihn erreicht hatte, verschwand er wieder.

Sofort ritten die Späher aus und als sie zurückkehrten, berichteten sie von einer Gruppe Flatheads, die in den Büffeljagdgründen der Lakota ihr Lager aufgeschlagen hatten. Tatanka Iyotake bereitete einen Angriffsplan vor. Er schickte einige junge Krieger als Lockvogel voraus. Als die Flatheads sahen, dass es nur einige wenige waren, machten sie sich zur Verfolgung auf den Weg, in der Hoffnung, die zahlenmäßig unterlegenen Lakota zu überwältigen. Hartnäckig von den Flatheads verfolgt, flohen die Lakota und führten sie direkt in einen Hinterhalt. Die Hauptstreitmacht der Lakota-Krieger kam aus ihrem Versteck hervor, um dem überraschten Feind entgegenzutreten.

Der Schlachtplan funktionierte fast perfekt. Nur drei Lakota verloren ihr Leben im Gegensatz zu den hohen Verlusten der Flatheads. Tatanka Iyotakes Prophezeiung hatte sich erfüllt. Er selbst wurde durch einen Pfeil am Unterarm verwundet, aber die Wunde heilte rasch und seinen Ruf als Häuptling und Heiliger Mann hatte er zweifelsohne gefestigt.

Im Jahre 1872 plante die Northern Pacific Railroad, eine Eisenbahnlinie durch das Montana- zum Dakotaterritorium zu verlegen. Die Bahngesellschaft schickte Landvermesser, die die bestmögliche Route ausfindig machen sollten. Aber die Landvermesser kamen nicht allein, sondern wurden von einer Militärabteilung von 500 Mann unter dem Kommando von Major Eugene M. Baker eskortiert. Die Landvermesser wussten, dass sie sich mitten im Lakotagebiet befanden, aber mit der Militäreskorte fühlten sie sich sicher. In der Nähe des Arrow Creek im heutigen Montana schlugen sie ihr Lager auf.

Die Landvermesser wussten nicht, dass jeder ihrer Schritte von den Lakota beobachtet wurde. Die Lakota lagerten ganz in der Nähe und berieten erregt über das weitere Vorgehen. Plötzlich erschien ein junger Krieger im Eingang des Tipis und unterbrach die Ratsversammlung. Als Tatanka Iyotake ihn fragte, was geschehen sei, berichtete der Krieger, dass Krieger der Brule und der Hunkpapa das Lager der Landvermesser bereits angegriffen hätten. Daraufhin beschlossen die Krieger, die Ratsversammlung abzubrechen und zu kämpfen.

Die Lakota-Krieger und die Langmesser lieferten sich die ganze Nacht hindurch Feuergefechte. Die Langmesser töteten dabei einen Lakota-Krieger, der sich unvorsichtigerweise in Schussweite begeben hatte. Dann packten sie seinen Körper und warfen ihn ins Lagerfeuer. Die Krieger waren wütend über diese Respektlosigkeit der Langmesser.

Am Morgen standen Tatanka Iyotake und Crazy Horse auf der Spitze eines Felsvorsprungs und blickten über das Schlachtfeld. Sie sahen, dass die Langmesser sich gut verschanzt hatten und dass es schwierig sein würde, sie zu erreichen. Immer wieder begaben sich die Krieger in Schussweite. Eigentlich wäre dies überhaupt nicht notwendig gewesen, denn sie hatten ihren Mut bereits bewiesen.

Ziemlich schnell entdeckte Tatanka Iyotake, dass diese tapferen Krieger einem anderen Krieger folgten, der behauptete, er hätte eine Vision gehabt. Jeder Krieger, der mit ihm ritt, würde in eine unsichtbare Decke gehüllt sein und weder von Pfeilen, noch von Kugeln getroffen werden. Seine Gefolgsleute ritten wiederholt zwischen die gegnerischen Linien. Einige von ihnen wurden getroffen, aber niemand wurde ernsthaft verletzt.

Tatanka Iyotake entdeckte den Krieger, dessen Vision die anderen folgten und rief: „Genug! Ich will nicht, dass diese jungen Krieger verwundet oder getötet werden. Ihr Mut ist offenkundig und das Blutvergießen bringt uns keinen Vorteil."

Der Krieger fühlte, dass seine Vision angezweifelt wurde und erwiderte lautstark zu seiner Verteidigung: „Der große Krieger Tatanka Iyotake hat vielleicht vergessen, was es heißt, mutig zu sein."

Trotzig fügte er hinzu: „Man sagt, mit zunehmendem Alter schlägt Blut einem Mann auf den Magen."

Einige der jungen Krieger waren ebenso verärgert über den Rat Tatanka Iyotakes und zögerten nicht, ihre Gefühle zu zeigen. Sie zogen es vor, zu handeln, statt nur zu reden und beschuldigten ihren Häuptling, herrisch zu sein und sich einzumischen. Damit stellten die jungen Krieger Tatanka Iyotakes Rang als Häuptling der Lakota Nation und als Anführer der Strong Heart Society in Frage.

Daraufhin stieg Tatanka Iyotake vom Pferd und nahm seinen Tabaksbeutel und seine Pfeife. Mit einem sichtbaren Hinken ging er mit bedächtigem, gleichmäßigem Schritt zur Mitte der sich gegenüberstehenden feindlichen Linien. Als er einen Platz in der Mitte zwischen den Lakota und den Langmessern erreicht hatte, setzte er sich nieder. Dann rief er den Lakota zu, dass er jeden, der rauchen wolle, hiermit einlade, seine Cannunpa (Pfeife) mit ihm zu teilen. Die Einladung war eigentlich eher eine Herausforderung, denn die Kugeln der Soldaten pfiffen ihm bereits um die Ohren.

Keiner derjenigen, die sich beschwert hatten, trat hervor, einschließlich des Kriegers, der behauptet hatte, unsichtbar und unverwundbar gegenüber den Kugeln der Langmesser zu sein. Nur drei Männer, zwei Cheyenne und Tatanka Iyotakes Neffe White Bull hatten den Mut, zu ihm zu gehen. Wenn es dort irgendwelche Beobachter mit scharfen Augen gegeben hatte, so hatten sie sicherlich bemerkt, wie den Kriegern die Beine zitterten, als sie herankamen und sich setzten.

Nachdem sie sich niedergelassen hatten, fuhr Tatanka Iyotake fort, seine Pfeife zu stopfen und mit seinem Feuerstein und Schlageisen zündete er sie an. Gemächlich nahm er ein paar Züge und reichte sie an seine Gefährten weiter. Diese aber nahmen nur ein paar kurze, eilige Züge. White Bull sagte später, er hatte die Hoffnung, dass, wenn er kurze und schnelle Züge nahm, der Tabak schneller verbraucht sein würde. Auch er hatte die Staubwolken, die die Kugeln aus den Gewehren der Langmesser aufwirbelten, bemerkt. Sie saßen dort als lebende Zielscheiben.

Nachdem die Pfeife aufgeraucht war, zog Tatanka Iyotake seinen Pfeifenstopfer hervor und reinigte den Pfeifenkopf. Säuberlich vergrub er die Asche im Boden und schob die Pfeife in den Pfeifenbeutel zurück. Dann erhob er sich langsam und ging gemessenen Schrittes zu seinem Pferd zurück. Er hatte noch keine zwei Schritte getan, als die anderen an ihm vorbeihasteten. Einer vergaß in seiner Eile sogar seine Waffen und er machte keinerlei Anstalten, sie zu holen.

Als Tatanka Iyotake zu den wartenden Lakota zurückkam, hatte er die Krieger mit seinem Mut gedemütigt. Wer hatte jemals zuvor so einen Beweis der Tapferkeit gesehen?
Worte können die Furchtlosigkeit unter solchen Bedingungen nicht wiedergeben. Diese Tat war unvergleichbar. Als er dieses Mal sprach und anordnete, dass der Kampf vorbei sei, stellte niemand mehr seine Entscheidung in Frage. An diesem Tag festigte er mit dieser Heldentat seine Position als Häuptling und Anführer. Letztlich endete die Schlacht am Arrow Creek unentschieden und niemand konnte behaupten, er sei der Sieger. Immerhin weigerten sich die Landvermesser, noch einmal und weiter in dieses Gebiet vorzustoßen.

Gebrochene Versprechen

Der Ruf Tatanka Iyotakes wuchs bei den Langmessern und den übrigen Wasicu. Aber die Wasicu wussten auch, dass Friedensgespräche mit ihm nicht auf fruchtbaren Boden fielen, und Tatanka Iyotake wusste umgekehrt, dass die Friedensgespräche mit den Wasicu zu nichts führten. Nach der Schlacht am Yellowstone trat ein Langmesser in Erscheinung, der eine kritische Rolle für die Zukunft der Lakota spielen sollte: Lieutenant Colonel George Armstrong Custer. Nach dem Ende des amerikanischen Bürgerkrieges kam Custer als Karriereoffizier des Militärs in den Westen. Sein Einfluss auf die Lakota war gewaltig.

Im Sommer des Jahres 1874 drang Custer mit 1200 Männern in die Black Hills ein, auf der vermeintlichen Suche nach einem Platz für ein neues Fort, um die Angriffe der Lakota einzudämmen. Es wurde niemals eine Erklärung darüber abgegeben, warum bei dieser Militäraktion so viele Zivilisten mit den Soldaten ritten. Unter ihnen befanden sich auch ein Geologe und zwei Minenarbeiter. Sie suchten nach Gold und fanden es auch.

Die Black Hills werden von den Lakota schon immer als heiliges Gebiet betrachtet. Nach dem sogenannten Red Cloud Krieg am Ende der 1860er Jahre hatte man im Vertrag von 1868 die Black Hills für immer als spezielles Gebiet der Lakota anerkannt. Dies war eine der wichtigsten Bestimmungen dieses Vertrages. Die Entdeckung des Maza Zee, des Golderzes ließ den Anspruch der Lakota auf die Black Hills erlöschen, zumindest in den Augen der Goldsucher, die nun vom Goldfieber getrieben zu Tausenden in das Gebiet schwärmten.

Anfänglich unternahm die Armee ein paar halbherzige Versuche, die Bestimmungen des Vertrages durchzusetzen. Sie trieben die Vertragsbrüchigen zusammen und schafften sie aus den Black

Hills, aber für einen, den sie mitnahmen, schlichen sich ein oder zwei neue in das Gebiet. Im Januar 1876 befanden sich etwa fünfzehntausend Minenarbeiter in den Black Hills.

Vorab gesagt, der Enthusiasmus der Armee, die Minenarbeiter zu vertreiben, war nicht besonders groß. General Sheridan, dem man den Spitznamen „Little Phil" gegeben hatte, und der die Armee in diesem Gebiet befehligte, hielt sich buchstabengetreu an den Vertrag, ließ jedoch durchblicken, dass er lieber die Vertragsbrüchigen schützen würde, sollte sich der Kongress entscheiden, die Vertragsbestimmungen zu ignorieren.

Und genau das, beabsichtigte der Kongress zu tun. Nachdem die Regierung der Vereinigten Staaten damit gescheitert war, den Vertrag zu halten, entschieden sie sich, die Black Hills durch einen erzwungenen Verkaufsvertrag von den Lakota zu erwerben. Red Cloud bot an, einem solchen Verkauf zuzustimmen, wenn die Regierung ihrerseits zusicherte, die Lakota sieben Generationen lang zu unterstützen, und bereit wäre 600 Millionen Dollar zu zahlen. Die Regierung bot im Gegenzug eine Summe von sechs Millionen Dollar als Kaufpreis an.
Als die Verhandlungen fehlschlugen, entschied der Kongress, dass der Preis ein „faires Angebot" sei und setzte ein Ultimatum. Wenn die Lakota die Bedingungen der Regierung nicht akzeptierten, würden die Nahrungsmittelrationen so lange zurückgehalten werden, bis die Lakota vor Hunger nachgaben.

Im Dezember 1875, inmitten eines bitterkalten Winters, wurde den Händlern untersagt, Munition an Lakota zu verkaufen. Niemand konnte mehr auf die Jagd gehen. Selbst die Agenturen in den Reservationen hatten nicht genügend Vorräte an Nahrungsmitteln. Eine Hungersnot drohte und die Lakota rebellierten, weil ihre Kinder hungerten.
Nch im gleichen Winter durchstreifte General „Three Stars" Crook die Plains auf der Suche nach „feindlichen" Lakota, ins-

besondere nach Crazy Horse. Als er schließlich ein Winterlager fand, befahl er den Angriff, obwohl die Scouts ihm berichteten, dass es nicht das Lager von Crazy Horse war. Und so zerstörten Crooks Männer ein friedliches Cheyenne-Lager des Häuptlings Two Moons und töteten Männer, Frauen und Kinder. Die Überlebenden dieser Katastrophe fanden Aufnahme in den Dörfern von Crazy Horse und Tatanka Iyotake. Mit dem unprovozierten Angriff auf das Lager von Two Moons machten die Langmesser einen schwerwiegenden Fehler. Sie erregten den Zorn der Cheyenne, die sich bis dahin neutral verhalten hatten. Von nun an standen sie zusammen mit den Lakota den amerikanischen Streitkräften gegenüber.

Die Weichen sind gestellt

Als Tatanka Iyotake von dem Angriff auf das Lager von Two Moons erfuhr, war er traurig, aber nicht überrascht. Dieser Akt bestätigte einfach nur seine Ansicht, dass man den Wasicu nicht trauen konnte, wenn sie ihr Wort gaben, und der Krieg somit unausweichlich wurde. Er sandte Boten zu allen Dörfern der Lakota, Cheyenne und Arapaho westlich des Missouri River und lud sie ein, sich ihm anzuschließen und die Heimat gegen die Langmesser zu verteidigen. Der Ruf, sich dem Anführer der Lakota anzuschließen, erreichte alle Dörfer, einschließlich derer, die sich nahe bei den Agenturen befanden. Gegen den Willen seines Vaters schloss sich auch Jack Red Cloud, Red Clouds Sohn, Tatanka Iyotake an. Im Frühling des Jahres 1876 trafen viele Krieger mit ihren Familien in Tatanka Iyotakes Lager am Rosebud Fluss ein.

Für eine so wichtige Unternehmung brauchte man spirituellen Rat. Tatanka Iyotake sagte den Leuten, er würde allein hinausgehen, um Antworten von Wakan Tanka zu erbitten. Er überquerte den Rosebud Fluss und wanderte einige Meilen in Richtung Nordwesten, wo er einen geeigneten Platz zum Beten fand. Er trug einen Büffelschädel, kleine Bündel mit Tabak und Wakapa pi als Opfergaben bei sich. Mit der gefüllten Pfeife stand er vor dem Hanblechiyapi-Altar und sang Gebets- und Hanblechiyapi-Lieder. Er suchte nach einem Platz, wo man den Wiwang Wacipi abhalten konnte und betete die ganze Nacht bis zum darauffolgenden Tag.

Gegen Abend des zweiten Tages bemerkte er zwei Wirbelstürme, die sich näherten. Der eine kam aus dem Norden, der andere aus südlicher Richtung. Die beiden Wirbelstürme vereinten sich vor ihm. Als er in den Wirbelsturm blickte, sah er eine Felsformation mit einem blauen Streifen, so als wäre sie von einem Blitz getroffen worden.

Nachdem er sein Hanblechiyapi, sein Flehen nach einer Vision, beendet hatte, kehrte er ins Dorf zurück. In der kurzen Zeit seiner Abwesenheit war das Lager erheblich gewachsen. Tag für Tag trafen neue Lakota, Cheyenne und Arapaho ein. Sie sagten, dass die Vierbeinigen und die Geflügelten ihnen die Richtung zum Lager gewiesen hätten.

Die verbündeten Indianer begannen sich südlich am Rosebud Fluss entlang zu bewegen. Nach zwei Tagen Wanderschaft schlugen sie schließlich bei einem kegelförmigen Hügel ihre Dörfer auf. In der ersten Nacht hatten sie ein Inipi abgehalten, eine Schwitzhüttenzeremonie, an der auch einige Cheyenne Älteste teilnahmen. Als Tatanka Iyotake von seiner Vision berichtet hatte, sagten die Cheyenne-Ältesten, dass sie die Felsformation mit dem blauen Streifen in der Mitte kannten. Es wäre ein sehr heiliger Ort für ihr Volk und er befände sich nur ein bisschen weiter den Rosebud Fluss hinunter. Sie nannten den Ort Deer Medicine Rocks.
Am nächsten Morgen kletterte Tatanka Iyotake bis zur Spitze des kegelförmigen Felsenhügels. Er füllte seine Pfeife und versprach Wakan Tanka, dass er den Wiwang Wacipi an diesem heiligen Ort abhalten würde. Er betete und versprach außerdem, dass er einen ganzen Büffel und eine rote Decke opfern wolle.

Tatanka Iyotakes Gefolgsleute zogen weiter und schlugen ungefähr fünf Meilen südlich der Deer Medicine Rocks ihr Lager auf. Tatanka Iyotake lud seinen Neffen White Bull ein, mit ihm auf die Büffeljagd zu gehen. Schon bald hatten die beiden drei Büffel erlegt. Tatanka Iyotake wählte den dicksten der drei aus und bat White Bull, ihm zu helfen, die Kuh auf den Bauch zu drehen, mit dem Kinn zur Erde.
Dann füllte er seine Cannupa und betete, den Stiel gen Himmel gerichtet: „Wakan Tanka, Großes Geheimnis, hier ist der Büffel, den ich dir versprochen habe. In drei Tagen werde ich den Wiwang Wacipi tanzen und du sollst deine rote Decke haben."

Die Vorbereitungen für diese heilige Zeremonie begannen ungefähr eine Meile südlich der Deer Medicine Rocks. Der sechzig Fuß große, kreisförmige Tanzplatz wurde vorbereitet, der Wiwang Wacipi Pfahl aufgerichtet und der scharfe Kies überall auf dem Platz verstreut. Alles war bereit. Die Leute versammelten sich am Rand des Kreises und warteten darauf, dass Tatanka Iyotake erschien.

Es wurden drei Tipis aufgestellt, eines für die Sänger, eines für die Ratsmitglieder und dann noch eines, welches als Medizinhütte benutzt wurde. Tatanka Iyotake reinigte sich in der Inipizeremonie. Er fastete und bereitete sich auf sein Fleischopfer vor.

Als er seine Vorbereitungen getroffen hatte, betrat er den Kreis. Sein Hunka-Bruder, der junge Assiniboine, den man jetzt Jumping Bull nannte, ging an seiner Seite. Um seinen Hals trug Tatanka Iyotake eine Adlerknochenpfeife und in seinem offenen Haar steckte eine Adlerfeder. An seinen Händen und Füßen trug er Reifen aus geflochtenem, wildem Salbei und sein einziges Kleidungsstück war ein Lendenschurz aus Büffelleder.
Für viele seiner Helfer war dies das erste Mal, dass sie Tatanka Iyotake ohne Hemd und mit freiem Oberkörper zu Gesicht bekamen. Mit stiller Ehrfurcht betrachteten sie einen Körper, der viele Narben von vorhergehenden Wiwang Wacipis (Sonnentänzen) aufwies. Er lehnte seine Cannunpa gegen den gebleichten Büffelschädel, ging hinüber zum Sonnentanzpfahl, setzte sich und lehnte sich mit dem Rücken an den Pfahl.

Während Tatanka Iyotake anfing, seine Gebete durch die Adlerknochenpfeife zu blasen, sangen die Männer Lieder, während sie gepierct wurden. Sein Hunkabruder Jumping Bull begann, kleine Fleischstückchen aus Tatanka Iyotakes linker Schulter abwärts herauszuschneiden. Er schnitt fünfzig Fleischstückchen aus jedem Arm und nach ungefähr einer halben Stunde war Tatanka Iyotakes Opfer der „roten Decke“ vollbracht.

Stark blutend erhob sich Tatanka Iyotake und fing an zu tanzen, seinen Blick in die Sonne gerichtet. Das Blut floss an seinen Armen herunter und seine bloßen Füße hinterließen blutige Spuren im scharfem Kies.
Tatanka Iyotake, der Wiwang Wacipi Mann, aber konzentrierte sich auf sein Opfer und seine Gebete. Selbst als die Sonne hinter dem Horizont verschwand, tanzte er weiter.

Am nächsten Morgen begrüßte er die Sonne mit dem schrillen Pfiff seiner Adlerknochenpfeife. Unaufhörlich tanzte er weiter, immer in die Sonne schauend. Am Mittag lief sein Freund Black Moon zu ihm und legte seinen erschöpften Körper auf den Boden.
In gedämpftem Tonfall sprach Tatanka Iyotake zu Black Moon. Als seine anderen Freunde herbeieilten, um seine Wunden zu versorgen, teilte Black Moon den anderen mit, dass sein Freund eine Vision gehabt hatte. Es sagte, dass Wakan Tanka Tatanka Iyotakes Gebete erhört hätte, und dass sein Freund ihn gebeten hätte, den Leuten von seiner Vision zu berichten.

Als Tatanka Iyotake tanzte und in die Sonne blickte, hätte eine Stimme zu ihm gesprochen. Diese Stimme wies ihn an, einmal hinter die Sonne zu schauen. Als er dies tat, hätte er viele Langmesser gesehen, die ins Lager einfielen. Sie hätten wie Grashüpfer ausgesehen, mit den Füßen über ihren Köpfen und ohne Ohren. Unter ihnen waren auch einige Indianer, ebenfalls ohne Ohren und mit den Füßen nach oben. Dann habe er die Stimme sagen hören: „Ich gebe dir diese Langmesser, denn sie haben keine Ohren. Sie werden sterben, aber nimm nichts von dem, was sie besitzen."

Die Lakota interpretierten Tatanka Iyotakes Vision als die Vorhersehung eines großen Sieges über die Streitkräfte der Wasicu, die nicht hören wollten. Wakan Tanka hatte klar und deutlich gesprochen.

Inzwischen war das Lager ziemlich groß geworden. Die Pferde fanden kaum noch Gras und die Lebensmittelvorräte für die Menschen wurden knapp. Die Späher schwärmten in verschiedene Richtungen aus, um passendes Weideland für die Pferde und gute Jagdmöglichkeiten ausfindig zu machen.

Die Scouts, die sich nach Westen gewandt hatten, kamen zurück und berichteten von einer riesigen Antilopenherde und Unmengen von Gras im Tal des Greasy Grass, in der Nähe des Little Big Horn Flusses. Die Leute brachen das Lager ab und begaben sich in das Gebiet des Little Big Horns. Sie freuten sich auf leckeren Antilopenbraten und errichteten ihr Lager zwischen den Bäumen an der westlichen Seite des Little Big Horn Flusses.

Die Jagd war erfolgreich und die Menschen taten sich am Antilopenfleisch gütlich und feierten ihren Sieg gegen den General der US-Armee, den man „Three Stars“ Crook nannte. Er war zwar kein 3-Sterne-General, aber er trug einen Stern an jeder Schulter und einen am Hut, deshalb nannte man ihn so. Einige Wochen zuvor hatte Crazy Horse eine Gruppe von Lakota und Cheyenne-Krieger gegen Crooks Truppen am Rosebud Fluss geführt.
Die Krieger hatten ihre Fähigkeiten als beste Reiter der Plains und ihren hervorragenden Stil des Angriffs zu Pferd unter Beweis gestellt. Sie hatten Crooks Vormarsch gestoppt und ihn gezwungen, sich nach Ft. Fetterman zurückzuziehen. Die Armeetruppen hatten 25 000 Schuss Munition benötigt, um 20 Lakota und Cheyenne-Krieger zu töten. Auf der anderen Seite hatten die Soldaten 90 Verluste, mit neun gefallenen Soldaten und einem getöteten Crow-Scout, die restlichen Gefallenen waren verbündete Shoshone.
Die Verluste der Kavallerie wären erheblich höher gewesen, wenn Crook nicht den Rückzug befohlen hätte. Tatanka Iyotake sagte seinen Leuten, dass dies ein großer Sieg gewesen sei, der aber nicht im Zusammenhang mit der Vision stand, die er beim Wiwang Wacipi erhalten hatte.

Inzwischen hatte General Crook seinen Zusammenstoß mit den verbündeten Lakota und Cheyenne am Rosebud seinem Vorgesetzten General Alfred Terry gemeldet. Auf Grund der für die Indianer ungewöhnlichen Kriegsführung und dem hohen Maß an Selbstvertrauen, welches die Krieger während des Kampfes gezeigt hatten, vermutete Crook, dass es sich um eine große Anzahl von Kriegern handeln müsse.

Jede große Ansammlung von Kriegern versetzte die Armee der Vereinigten Staaten in Angst und Schrecken, deshalb entwickelte General Terry einen Schlachtplan, um der vermeintlichen Bedrohung entgegenzutreten. Der Plan sah eine Zangenbewegung aus drei verschiedenen Richtungen vor. Lieutenant Colonel Custer sollte im Osten von Fort Abraham Lincoln aufbrechen und nach Westen zum Rosebud ziehen. General Gibbon würde sich Tatanka Iyotakes Lager vom Westen her nähern, und General Crook würde aus südlicher Richtung kommen. Es war geplant, das Lakota Dorf zu umzingeln, von allen Seiten gleichzeitig anzugreifen und zu zerstören. Der Angriff war für den 26. Juni 1876 angesetzt. Wie dem auch sei, Custer glaubte, dass die Lakota am 26. Juni schon fort wären und dachte sich seinen eigenen Plan aus. Es wurde seit langem darüber geredet, er sei der festen Überzeugung, dass ein Sieg über die Lakota und Cheyenne ihn zum nächsten Präsidenten der USA machen würde. – Ein Präsident wurde wegen seiner Siege und Kriegserfahrungen gewählt und Custers Siebte Kavallerie würde diese Siege für ihn erringen.

Also rief Custer seine Ree Scouts (Arikara Krieger) zu sich und informierte sie über seine Absicht, das Lager einen Tag früher anzugreifen, als es von Terry angeordnet war. Die Kundschafter jedoch warnten Custer, dass es zu viele Lakota und Cheyenne im Tal des Little Big Horns gäbe. Seine Abteilung von 750 Mann würde sie nicht besiegen können.
Aber Custer lachte sie aus: „Ihr Jungs übertreibt ständig, wenn es um die Anzahl des Feindes geht.“

Dann teilte er seine 750 Männer in drei Abteilungen und marschierte seinem Schicksal entgegen.

Nichts ahnend suchte Tatanka Iyotanke weiterhin nach Führung von Wakan Tanka. Er hinterlegte einige Tabakopfer, überquerte den Little Big Horn und ging nach Osten, zur Spitze des Hügels, der heute Last Stand Hill (Custers letzte Stellung) genannt wird. Er suchte sich einen Platz zum Beten aus und legte seine Tabakopfer in einen Kreis um sich herum. Er füllte seine Cannunpa, sang ein Donnerlied und betete für die große Ansammlung der Lakota, Cheyenne und Arapaho, die unten lagerten. Er betete und bat darum, dass das Volk leben möge und dass die Geister sich ihrer erbarmen und sie beschützen mögen. Nachdem er seine Gebete beendet hatte, rauchte er seine Cannunpa und kehrte zum Lager zurück. Dies war am Abend des 24. Juni 1876.

Die Schlacht am Fetten Gras Fluss

Custer wies Kapitän Frederik Benteen 350 Mann zu und befahl ihm, das Lakota Dorf vom Westen her einzukreisen. Major Marcus Reno, dem 175 Männer zugeordnet wurden, sollte sich aus dem Süden nähern. Custer übernahm die restlichen 225 Männer und wollte vom Osten her angreifen.
Reno war der erste, der mit den Lakota zusammenstieß, als er das Dorf der Hunkpapa angriff. Die erste Salve aus den Gewehren seiner Truppen tötete die beiden Frauen und die Töchter von Häuptling Gall. Aber die Hunkpapa Krieger reagierten schnell und schlugen den Angriff zurück.

Reno befahl seinen Truppen, am Rande der Baumgrenze abzusteigen und eine Schützenlinie zu bilden. Als Reno sich auf die bevorstehende Schlacht vorbereitete, stand er direkt neben seinem Ree Scout Bloody Knife, als dieser plötzlich von einer Kugel aus dem Gewehr eines Lakota in den Kopf getroffen wurde. Blut und Gehirnmasse spritzten über Renos Kopf und seine ganze Kleidung. Vor Entsetzen wie benommen, befahl Reno den totalen Rückzug über den Fluss und verschanzte sich auf der Spitze eines Hügels. Dort wartete er auf Verstärkung von Benteen.

In der Zwischenzeit führte Custer seine 225 Männer, gut getarnt in einer tiefen Schlucht, zum östlichen Rand des Little Big Horn. An der westlichen Seite des Flusses riefen einige junge Krieger ihre Pferde zusammen. Sie bemerkten die Abteilung der Soldaten auf der östlichen Seite, die sich gerade anschickte, den Fluss zu überqueren. Die mit Gewehren bewaffneten Krieger schossen sofort auf die „neuen“ Truppen der Langmesser. Sie schossen die ersten zwei Reiter der Reihe von den Pferden herunter. Die nächsten beiden Langmesser beugten sich herunter und hoben einen der gefallenen Soldaten auf. Dann machte die ganze Abteilung kehrt und zog sich zurück. Die Niederlage kam, als die

Soldaten versuchten, den höchsten Punkt im Nordosten zu erreichen, einen Hügel, der heute als Last Stand Hill (Custers letzte Stellung) bekannt ist.

Tatanka Iyotake bereitete sich ebenfalls darauf vor, in die Schlacht zu reiten. Er machte gerade sein Lieblingspferd zurecht, da rief ihn seine betagte Mutter zurück. Sie war der Meinung, er bräuchte nicht zu kämpfen und wies darauf hin, dass er seinen Leuten nichts mehr zu beweisen hätte. Sie erinnerte ihn daran, dass er zwei Frauen und kleine Kinder hätte, für die er sorgen müsse. Jetzt sei er ein reifer Mann von 45 Jahren, und er sollte es den jungen Kriegern überlassen, ihren Mut zu beweisen und das Lager und das Volk zu beschützen.

In der Kultur der Lakota wurde die Weisheit von Frauen sehr geschätzt und respektiert. Tatanka Iyotake war ein Häuptling der Lakota Nation, der Anführer der Midnight Strong Heart Society, ein Schärpenträger, der viele Coups gezählt hatte, deshalb akzeptierte er den Rat seiner Mutter. Er respektierte ihre Weisheit und beugte sich ihrem Wunsch, nicht an der Schlacht teilzunehmen und stattdessen die hilflosen Frauen, Kinder und Alten in Sicherheit zu bringen.

Die Langmesser versuchten unterdessen, den höchsten Punkt des Hügels zu erreichen. Gall verfolgte sie mit einer Gruppe von Kriegern, als Crazy Horse plötzlich mit einer Gruppe von Lakota über die Spitze des Hügels geritten kam und den Soldaten den Rückzug abschnitt. Two Moons griff mit seinen Cheyenne-Kriegern die Flanken an. Die schrillen Töne der Adlerknochenpfeifen waren fast genauso laut, wie das ständige Geräusch des Gewehrfeuers. Die Krieger beteten um Hilfe und Führung der Geister, indem sie während des Kampfes in diese Pfeifen bliesen.

Als die Schlacht begann, war besonders ein junger Krieger begierig darauf, am Kampf teilzunehmen und Coups zu zählen. Er besaß drei gute Ponys, und so suchte er sich sein bestes aus, um damit in die Schlacht zu reiten. Während er sein Pony einfing, übergab er seine Waffen einem Freund. Er legte ein Seil um den Hals des Pferdes und wollte es besteigen, aber das Pony war zu aufgeregt. Es scheute und galoppierte im Kreis herum, mit dem Krieger am Ende des Seils, der versuchte, das Pony einzufangen. Als er es endlich geschafft hatte und das Pony bestieg, war die Schlacht schon vorbei. Die Gelegenheit, seinen Mut zu beweisen und einen Coup am Feind zu zählen, verrauchte, während er damit beschäftigt war, sein Pferd einzufangen. Es war, wie ein Krieger nach der Schlacht sagte: „Der Kampf mit den Langmessern dauerte nicht länger als ein hungriger Krieger dazu braucht, um eine Mahlzeit einzunehmen." So schnell war es vorüber.

Die Tatsache, dass Long Hair Custer an der Schlacht beteiligt war, wusste weder Tatanka Iyotake, noch irgendein anderer Lakota, Cheyenne oder Arapaho. Custer hatte sein Haar kurz geschnitten und trug nicht wie sonst seinen extravaganten Wildlederanzug, sondern die allgemein übliche Kavallerieuniform. Die Lakota wussten daher auch nicht, dass Custer einer der Langmesser gewesen war, auf den die Krieger am Ufer des Flusses geschossen hatten. Er war verwundet worden und seine Männer hatten versucht, ihn zu schützen und zu versorgen. Custer war einer der ersten, der in der Schlacht am Fetten Grass Fluss fiel.

Nach der Schlacht ritt Tatanka Iyotake zum Schlachtfeld und betrachtete die Folgen. Die Schlacht hatte genau dort geendet, wo er am Abend zuvor noch seine Tabakopfer hinterlegt hatte. Er war zufrieden, dass seine Vision sich erfüllt hatte und dass die Soldaten mit den Köpfen nach unten ins Dorf gefallen waren. Aber er war auch sehr traurig, weil die Krieger seiner Vision nicht folgten. Die Stimme in seiner Vision hatte gesagt, dass die Leute nicht die Habseligkeiten der Langmesser an sich nehmen, und auch deren Körper nicht verstümmeln oder sie skalpieren sollten. Aber die Leute hörten nicht auf ihn, und er wusste, dass die Nachfahren der Lakota, Cheyenne und Arapaho Völker durch die Hände der Verwandten dieser Langmesser Schaden nehmen würden.

Tatanka Iyotake stand nahe an dem Platz, an dem er die Nacht zuvor gebetet hatte und füllte wieder seine Cannunpa. Er betete für all jene, die gefallen waren, einschließlich seines eigenen jungen Sohnes, dem Kind von Red Woman. Der Junge war in der Schlacht von einem Pferd am Kopf getroffen und getötet worden. Er betete nicht nur für alle Lakota, Cheyenne und Arapaho Krieger, die getötet worden waren, sondern auch für Custer und seine Männer. Er bat Wakan Tanka darum, die Seelen dieser Krieger und Langmesser zu sich zu nehmen, weil sie alle tapfer und ehrenhaft gekämpft hatten.

In allen Bereichen dieses großen Lagers wurden Siegesfeiern abgehalten. Es wurde viel gegessen und getanzt, aber all das bereitete Tatanka Iyotake kein Vergnügen. Wieder war er in Trauer um einen Sohn und das Verhalten seiner Leute machte ihn traurig. Sie hatten Beutestücke aus der Schlacht an sich genommen, und indem sie dies getan hatten, verfluchten sie ihre Nachkommen. Sie würden unter den Regeln, Gesetzen und der Politik der Wasicus zu leiden haben.

Das Allerschlimmste, was die Regierung der Wasicu später den Lakota antat, war es, ein Gesetz zu erlassen, das den Lakota verbot, auf die traditionelle, spirituelle Art zu leben. Jeder Mensch in diesem Land hatte das Recht auf freie Religionsausübung, mit Ausnahme der Lakota.

Im Land der Großen Mutter

Die nächsten paar Tage nach der Schlacht verbrachte man mit der Bestattung der Toten und markierte die Stellen, wo sie gefallen waren. Dann bereitete man sich darauf vor, sich in verschiedene Richtungen zu zerstreuen, denn die Generäle Gibbon und Crook kamen näher.

Tatanka Iyotake sagte seinem Freund Crazy Horse, dass er die Hunkpapa nach Norden, ins Land der Großen Mutter führen wolle, wie Kanada von den Lakota genannt wurde. Er bat seinen Freund, ihn zu begleiten. Aber Crazy Horse antwortete, dass er als Lockvogel nach Süden gehen und Tatanka Iyotake später einholen wolle, bevor er die Grenze zu Kanada überquerte. In diesem Leben sollten sich die beiden Freunde nicht mehr wiedersehen.

Nachdem sie sich von Crazy Horse getrennt hatten, zogen Tatanka Iyotake und seine Gefolgsleute nach Norden in Richtung Kanada. Mit 135 Tipis machten sie sich auf den Weg zur Medizinlinie, der kanadischen Grenze.

Sie änderten mehrfach ihre Richtung und manchmal bewegten sie sich auch rückwärts, um eventuelle Verfolger zu verwirren. Und sie hofften darauf, dass Crazy Horse sie irgendwann einholen würde.
Bevor sie die Grenze überschritten, schickte Tatanka Iyotake einen Boten mit Tabak zu Crowfoot, dem Häuptling der Blackfoot. Er bat ihn, ihre vergangenen Unstimmigkeiten zu vergessen und ein Bündnis gegen die Langmesser zu schmieden. (*Abb. Nr. 1*)

Unglücklicherweise bewohnten die Blackfoot ein großes Jagdgebiet, welches sich überwiegend in Kanada befand, und sie hatten erst vor Kurzem einen Vertrag mit der kanadischen

Regierung geschlossen. Crowfoot lehnte die Bitte Tatanka Iyotakes deshalb ab. Stattdessen berichtete er den Mounties (kanadische berittene Polizei) von der Anwesenheit der Hunkpapa und bot den Mounties sogar seine Krieger an, um die Hunkpapa zu bekämpfen.

Müde und hungrig überquerten die Lakota die Medizinlinie und errichteten ihr Lager an einem Ort namens Pinto Horse Butte. Das war im Mai 1877. Hier fanden sie die kanadischen Mounties und sandten eine kleine Abteilung, um sie zu einer Ratsversammlung einzuladen. Bei dieser ersten Begegnung waren jedoch weder Tatanka Iyotake, noch Major James Walsh, der kommandierende Offizier der Royal Canadian Mounted Police dieser Region, anwesend.

Stattdessen trafen sich Walshs Repräsentanten mit Black Moon. Die Kanadier fragten die Hunkpapa, warum sie über die Grenze gekommen wären und wie lange sie bleiben wollten. Black Moon erklärte, dass sie im Land der Großen Mutter Zuflucht vor der Vergeltung der Langmesser suchten, die sie in der Schlacht am Fluss des Fetten Grases besiegt hatten. Das ist die Bezeichnung der Lakota für Custers Last Stand (Custers letzte Stellung) oder die Schlacht am Little Big Horn, wie man sie später nannte.
Black Moon beteuerte, dass die Lakota die Langmesser nicht bekämpfen wollten, aber all ihre Bemühungen, Frieden zu schließen, hätten nur zu weiteren gebrochenen Versprechungen und Vertragsverletzungen geführt. Die Lakota baten darum, dass man ihnen gestattete, hier in Frieden zu leben.
Diese Botschaft wurde Major Walsh unverzüglich übermittelt, der sich schließlich bereit erklärte, sich mit Tatanka Iyotake und den Hunkpapa zu treffen. Leider verlief das erste Treffen nicht so gut. Mit der festen Absicht, eine neue Heimat für sein Volk zu finden, bedrängte Tatanka Iyotake den vorsichtigen Kanadier zu sehr. Als die Diskussion zu heftig wurde, warf Walsh Tatanka Iyotake buchstäblich aus seinem Büro.

Später, als sich sein Gemüt abgekühlt hatte, änderte Walsh seine Meinung. Er hielt diesen starken, intelligenten Hunkpapa Häuptling für einen Mann, den man respektieren kann, weil er sich so offensichtlich und ernsthaft um das Wohlergehen seiner Leute kümmerte. Auf der anderen Seite war auch Tatanka Iyotake der Meinung, dass Walsh würdig war, respektiert zu werden, und so entstand auf Grund ihrer gegenseitigen Achtung füreinander eine lang anhaltende Freundschaft. Walsh wurde zum großen Fürsprecher der flüchtigen Lakota und seine Beziehung zu Tatanka Iyotake wurde sehr persönlich. Die beiden Männer fanden vieles, was sie aneinander bewunderten und sie teilten ihr Wissen miteinander. Walsh lehrte Tatanka Iyotake seinen Namen in Schreibschrift zu schreiben. Er benutzte dabei die englische Übersetzung „Sitting Bull". (*Abb. Nr.* 2)
Gleichzeitig errang Tatanka Iyotake den Respekt des Blackfoot Häuptlings Crowfoot. Crowfoot akzeptierte schließlich die Anwesenheit der Hunkpapa im Land der Blackfoot. Seine Leute teilten ihre Nahrungsvorräte und zeigten den Lakota, wo man jagen konnte. Als Gegenleistung teilte Tatanka Iyotake viele Dinge mit Crowfoot. Er lehrte den Schwarzfußhäuptling die heilige Art des Piercings während des Wiwang Wacipi und teilte mit dem Volk der Blackfoot viele andere Zeremonien der Lakota.

Unter den Blackfoot hatte Crowfoot die gleiche Stellung wie Tatanka Iyotake unter den Lakota. Beide waren Häuptlinge ihrer Völker. Der gegenseitige Respekt wurde größer und Tatanka Iyotake fühlte den Wunsch, Crowfoot zu ehren. Er gab seinem Sohn den Namen des Blackfoot Häuptlings und dieses Zeichen des Respekts bewegte Crowfoot sehr.

General Nelson A. Miles, Kommandant der US-Streitkräfte im Missouri Territorium, reiste ebenfalls nach Kanada, um sich mit Major Walsh zu treffen. Der Zweck seines Besuches war, die Unterstützung Walshs zu gewinnen, damit Tatanka Iyotake in die Vereinigten Staaten zurückgebracht werden konnte, wo man ihn als Verantwortlichen für Custers Niederlage anklagen wollte. Walsh lehnte das ab. Er hatte bereits Tatanka Iyotakes Version der Ereignisse gehört und glaubte ihm, dass die Lakota nur ihr Land und ihre spirituelle Art zu leben verteidigt hatten. Walsh wollte nicht, dass man seinen Freund „Bull" auf Grund von Beschuldigungen verhaftete, die er als ungerechtfertigt betrachtete. Diese strikte Verteidigung führte dazu, dass die amerikanische Presse begann, Walsh als „Sitting Bulls Boss" zu bezeichnen.

Trotz allem hielt M. W. Major Walsh an seiner Entscheidung fest, Tatanka Iyotake und sein Volk zu unterstützen. Sein Lösungsvorschlag für das Problem war die Einrichtung eines kanadischen Reservats (ein Equivalent einer Stammesreservation in den USA) für die Lakota, was die kanadische Regierung aber strikt ablehnte.
Außerdem kam es zu Konflikten zwischen den beiden Mächten, weil immer wieder Lakota heimlich in die Vereinigten Staaten zurückkehrten, um Büffel zu jagen. Einmal war die Jagd besonders erfolgreich und über hundert Leute, meist Frauen, bereiteten das Fleisch für den Rücktransport nach Kanada vor. Tatanka Iyotake und sein Hunka-Bruder Jumping Bull befanden sich ebenfalls bei dieser Gruppe.

Plötzlich rief einer der Wachen, dass sich Fremde näherten. Diese Indianer hatten rote Bänder an ihren Gewehren befestigt und die Lakota glaubten, sie wollten verhandeln. Die Lakota wussten nicht, dass diese Reiter Scouts für eine Abteilung der Langmesser waren, die unter dem Befehl von Lieutnant William Clarke standen. Die roten Bänder sollten den Langmessern dazu dienen, diese Indianer von den feindlichen zu unterscheiden. Es waren also keine Parlamentärsfahnen.

Die Fremden kamen näher und plötzlich, ohne jede Warnung, eröffneten sie das Feuer. Zwei Lakota-Krieger fielen sofort. Die anderen Lakota erwiderten daraufhin das Feuer und beim anschließenden Schusswechsel erkannten sie, dass es sich bei den Angreifern um Crow-Krieger handelte, die alten Feinde der Lakota. Das Gewehrfeuer erstarb, als ein Crow-Krieger zwischen die Linie der Gegner ritt.

Dieser Krieger trug eine weiße Fahne und machte das Zeichen, dass er verhandeln wollte. Ein Lakota-Krieger ritt dem Crow entgegen, um mit ihm zu sprechen.
Die Botschaft des Kriegers war eine direkte Herausforderung an Tatanka Iyotake. Er sagte, dass hier ein Crow-Krieger wäre, der Tatanka Iyotake in einem Kampf Mann gegen Mann gegenübertreten wolle. Als Anführer ihrer Völker würden die beiden entscheiden, wer diese Begegnung gewonnen oder verloren hätte.

Tatanka Iyotake hatte schon lange nicht mehr gekämpft und war ein wenig aus der Übung, aber er hatte weder seinen Mut verloren, noch seine Verantwortung gegenüber den Lakota vergessen. Er wusste, dass er dem Herausforderer gegenübertreten und ihn besiegen musste, um das Vertrauen seiner Leute in seine Führungskraft aufrecht zu erhalten. Und so ritt Tatanka Iyotake seinem Gegner entgegen.

Der Crowkrieger hatte schon lange auf die Gelegenheit gewartet, Tatanka Iyotake gegenüberzutreten. Er hatte sich damit gebrüstet, die Langmesser von dem aufmüpfigen Lakota zu befreien. Als die beiden Männer aufeinander zuritten, hob er seine Muskete und schoss, aber die Waffe hatte eine Fehlzündung. Der Crow war ein großer Mann und ein gutes Ziel für Tatanka Iyotakes Gewehr. Tatanka Iyotake zielte und schoss seinem Herausforderer in den Kopf. Dann ritt er zum gefallenen Körper und nahm das, was von seinem Skalp noch übrig war. Anschließend stieg er auf das prächtige Pferd des Crow und ritt zu den jubelnden Lakota Kriegern zurück.
Zwei Jahre blieben die Lakota in Kanada. Die Zeiten waren hart und die Leute wurden mit der Zeit mutlos.

Im Frühjahr des Jahres 1879 begannen einige Lakota, sich davonzuschleichen und meldeten sich bei verschiedenen Indianeragenturen in denVereinigten Staaten. Die kanadische Regierung wusste, so lange Walsh sich in der Nähe Tatanka Iyotakes befand, würde er nicht Willens sein, in die Vereinigten Staaten zurückzukehren. Im Sommer des Jahres 1879 entschlossen sie sich, Walsh nach Fort Qu'Appelle in Saskatchewan zu versetzen. Dies bereitete den beiden Freunden großen Kummer.

Als Tatanka Iyotake erfuhr, dass Walsh gehen würde, kam er, um seinem Freund Lebewohl zu sagen. Als er Walshs Büro betrat, trug er seine prächtige Adlerfedernhaube, die ihm gegeben worden war, als er zum Häuptling des Lakota Volkes gewählt wurde. Tatanka Iyotake hielt eine formelle Abschiedsrede und erinnerte Walsh daran, dass die Lakota einst eine mutige Nation mit Gefühl für das Land und allen lebenden Wesen darin gewesen waren.

„Und nun", seufzte er, als er seinen Kopfputz ablegte, „sind wir Bettler und aus unserem Heimatland vertrieben. Ich möchte dir das hier geben", führte er weiter aus und legte die Haube auf den Tisch. „Jede Adlerfeder repräsentiert die tapfere Tat eines Kriegers, der sie hergab." Nach diesen Worten verließ er den Raum und kurze Zeit später wurde Walsh versetzt.

Aber auch ohne die Anwesenheit von Walsh weigerte sich Tatanka Iyotake, in die Vereinigten Staaten zurückzukehren. Walsh hatte ihm nämlich versprochen, dass er weiterhin versuchen würde, ein Reservat für ihn zu bekommen. Andere kanadische Beamte jedoch versuchten hartnäckig, Tatanka Iyotake davon zu überzeugen, Kanada zu verlassen. Gleichzeitig versuchten sie auch, Walsh zu überreden, seinen Freund zu bitten, zurückzugehen. Sie waren nicht bereit, den Lakota ein Reservat zu geben, deshalb reiste Walsh im Namen Tatanka Iyotakes nach Washington D.C. Ihm wurde versichert, dass man Tatanka Iyotake nicht für Custers Niederlage inhaftieren würde.

Schließlich, im Jahre 1881, schrieb Walsh einen Brief an seinen Freund „Bull“ und teilte ihm mit, er könne in die Vereinigten Staaten zurückkehren, ohne eine Vergeltung der Langmesser befürchten zu müssen.

Mit 230 hungrigen Lakota machte sich Tatanka Iyotake auf den schweren Weg nach Fort Buford in Norddakota. Sie trafen am 20. Juli 1881 dort ein und stellten sich Major D. H. Brotherton. Tatanka Iyotake stieg von seinem Pferd und übergab seine 1866 Winchester seinem Sohn Crowfoot. Mit trauriger Stimme sagte der große Lakota-Häuptling zu seinem achtjährigen Sohn: „Mein Sohn, du wirst in deinem Leben kein Mann sein, weil du kein Pferd und kein Gewehr haben wirst. Übergib mein Gewehr dem Major und sag ihm, dass ich der letzte Lakota bin, der sich ergibt.“

Major Brotherton nahm das Gewehr und die Kapitulation an und gab den hungernden Lakota etwas zu essen. (*Abb. Nr. 3*)

In Kriegsgefangenschaft

Brotherton schickte die gefangenen Lakota unverzüglich zur Agentur nach Fort Yates in Nord-Dakota. Im September 1881 wurden sie in Fort Randall, Süd-Dakota in Schutzhaft genommen. Die Regierung der Vereinigten Staaten begründete dies damit, dass Tatanka Iyotakes Leben durch seine eigenen Leute in Gefahr sein könnte. Aber die Regierung war eher geneigt zu glauben, dass Tatanka Iyotake immer noch eine Bedrohung für sie sein könnte. Das war der wirkliche Grund für seine Internierung.

Das 25. Infanterieregiment, welches aus schwarzen Freiwilligen (Büffelsoldaten) und weißen Offizieren bestand, stellte die Lakota unter seine Aufsicht. (*Abb. Nr. 4*)

Unter den Gefangenen gab es eine Gruppe der Midnight Strong Heart Society, die Tatanka Iyotake besonders nahe standen. Sie hatten einen Bund geschlossen, den sie die Stillen Esser nannten. Diese Stillen Esser hatten gelobt, Tatanka Iyotake mit allen Mitteln zu beschützen. Sie schworen, sich vor eine Kugel oder einen Pfeil zu stellen, um ihn zu schützen und bis zum Tode für ihn zu kämpfen. Ein paar Jahre später sollten einige von ihnen für die Erfüllung ihres Gelöbnisses sterben.

Während er in Fort Randall eingesperrt war, machte Tatanka Iyotake Bekanntschaft mit der Ehefrau des Postquartiermeisters Captain Horace Quimby aus New Hampshire. Als man ihn nach Süd-Dakota beorderte, brachte er seine Ehefrau Martha und seine beiden Töchter, die achtzehn Monate alte Belle und die fünfjährige Alice, mit.

Seine Schwägerin Margaret Smith zog ebenfalls mit der Familie Quimby nach Süd-Dakota. Martha Quimby, ihre Schwester Margaret und ihre Tochter Alice besuchten regelmäßig das Dorf der Lakota. Sie freundeten sich schon bald mit der Familie von Tatanka Iyotake an und brachten gewöhnlich Geschenke und Nahrungsmittel mit. Martha Quimby behauptete später, sie hätte Tatanka Iyotake gelehrt, seinen Namen „Sitting Bull" zu schreiben, aber das hatte ihm natürlich schon Walsh beigebracht, als er in Kanada war. Vielleicht hatte Tatanka Iyotake es vorgezogen, so zu tun als wüsste er nicht, wie man seinen Namen in Schreibschrift schrieb. Solch eine kleine Geste der Freundlichkeit hätte durchaus zu seinem Charakter gepasst.

Während eines Besuches bemerkte Martha, dass Tatanka Iyotake für den Indianeragenten eine Skizze aus seinem Wintercount-ledgerbook (ein Buch, in dem Four Horns und Jumping Bull die Heldentaten ihres Häuptlings mit farbigen Skizzen zeichneten) auf Büffelleder gemalt hatte.

Die Darstellungen waren chronologisch angeordnet und stellten spezielle Ereignisse und Errungenschaften seines Lebens dar. Martha fragte ihn, ob er auch für sie einige Zeichnungen machen würde, und er erklärte sich gern dazu bereit. Er war ganz besonders in ihre Tochter Alice vernarrt. Das war möglicherweise der Grund, warum er Martha den Gefallen tat. Tatanka Iyotake liebte Kinder.
Martha brachte einen Schreibblock und ein paar Farbstifte mit, welche sie vom Indianeragenten erhalten hatte, und Tatanka Iyotake begann, einige von seinen Berichten zu zeichnen und auszumalen. Er wählte zufällige Begebenheiten für die Zeichnungen aus, die er für sie anfertigte. (*Abb. Nr. 5*)

Als die Quimbys im Jahre 1882 zu einem anderen Stützpunkt beordert wurden, hatte Tatanka Iyotake zwölf Zeichnungen für Martha vollendet. Am Tag, als die Quimbys auf dem Dampfboot an Bord gingen, schenkte er Martha die dreizehnte Zeichnung, ein unfertiges Bild von einem Pferd ohne Reiter.

Captain Quimby starb im Jahre 1883 und seine Frau Martha zog mit ihren Kindern nach Niles in Michigan. Martha starb dreizehn

Jahre später. Sie rutschte auf einem vereisten Bürgersteig aus und erlitt eine Schädelfraktur.

Alice Quimby erbte die Zeichnungen, und als sie im Jahre 1947 verstarb, wurden sie dem Fort St. Joseph Museum in Niles Michigan übergeben, wo sie noch heute ausgestellt sind.

Vorübergehende Haft

Im April 1883 verließen Tatanka Iyotake und die anderen Hunkpapa Lakota Fort Randall. Sie wurden zur Standing Rock Indianerreservation gebracht. Als sie dort ankamen, war die Spaltung innerhalb des Hunkpapa-Volkes bereits zu bemerken. Viele der treuesten Anhänger Tatanka Iyotakes während der 1870er Jahre hatten die Lebensweise der Wasicu und ihre christliche Religion angenommen. Der Indianeragent McLaughlin bezeichnete Tatanka Iyotake wegen seiner Einstellung und seines traditionellen Lakota Glaubens als einen feindseligen Quertreiber. McLaughlin sagte, Tatanka Iyotake hätte einen schlechten Einfluss, weil er sich dagegen wehrte, seine Kinder zur Agenturschule zu schicken. Er machte ihn dafür verantwortlich, dass die Schule kaum besucht wurde. Und das war nur eine von vielen Beschwerden, die McLaughlin gegen Tatanka Iyotake auflistete.

„Weißes Haar", wie McLaughlin von den Lakota genannt wurde, verwaltete Standing Rock mit eifersüchtigem Blick auf jeden, der seine Autorität bedrohte, und allzu oft wurde er von Tatanka Iyotake herausgefordert, weil dieser sich weigerte, vor McLaughlin zu kriechen. „Weißes Haar" verspürte immer mehr Widerwillen gegen den starken Einfluss, den der Häuptling auf die Hunkpapa hatte. Auf vielen Treffen geschah es, dass Tatanka Iyotake einfach aufstand und zur Tür hinausging, gefolgt von fast allen Mitgliedern des Stammesrates, wenn ihm das Gesprächsthema nicht gefiel. Tatanka Iyotake verstand nicht, warum dieser Wasicu Macht und Kontrolle über das Volk ausüben wollte.

Zu diesem Zeitpunkt war Tatanka Iyotake bereits berühmt. Menschen auf der ganzen Welt kannten seinen Namen und luden ihn auf öffentliche Veranstaltungen ein. McLaughlin schaffte es nicht, seinen im Rampenlicht stehenden Gefangenen von der Öffentlichkeit abzuschotten. Er war vielleicht auch schlau genug zu erkennen, dass es leichter war, die anderen Hunkpapa zu kontrollieren, wenn Tatanka Iyotake sich nicht in der Reservation aufhielt.

Als Bismarck zur Hauptstadt des Territoriums Dakota erklärt wurde, hatte man Tatanka Iyotake ebenfalls zu den Feierlichkeiten eingeladen. An diesem Ereignis sollte auch der Präsident der Vereinigten Staaten Chester Arthur teilnehmen, und man hatte Tatanka Iyotake mitgeteilt, dass er sich mit ihm treffen könne. Das versprochene Treffen mit dem Präsidenten fand allerdings nicht statt. Stattdessen wurde Tatanka Iyotake gebeten, eine Rede vor den Bewohnern der Stadt Bismarck zu halten. Er sprach kein Wasicu (Englisch), deshalb sprach er in Lakota und die Verantwortlichen dieser Veranstaltung organisierten einen Übersetzer, der seine Rede ins Wasicu übersetzen sollte.
Als Tatanka Iyotake aufstand und die Menge begrüßte, war der Übersetzer schockiert über das, was Tatanka Iyotake sagte, denn seine Worte waren alles andere als erfreulich. Stattdessen rügte er die Leute von Bismarck für ihre maßlose Gier nach Land und deren Zerstörung und sagte ihnen, dass sie eine Schande für das Volk seien. Nachdem er seine Rede beendet hatte, erhob sich der Übersetzer und las stattdessen eine vorgeschriebene Rede vor. Als er fertig war, erhielt Tatanka Iyotake von den Leuten tobenden Applaus. Während seines Aufenthalts erhielt er als Gegengabe für sein Autogramm von Chester Arthurs Stabschef einen J.G.Volz & Co Biberfilzhut. Es war ein üblicher Brauch der Regierung, diese Biberfilzhüte an bekannte Häuptlinge und politische Indianerführer zu verschenken. (*Abb. Nr. 6*)

Zufällig war ein Schausteller an diesem Tag im Publikum, der den Beifall für Tatanka Iyotake zur Kenntnis nahm. Der Name dieses Mannes war Alvaren Allen. Er war davon überzeugt, dass das, was er dort sah, eine lukrative Veranstaltung war, und so bat er den Indianeragenten McLaughlin um Erlaubnis, Tatanka Iyotake in seiner Show auftreten zu lassen. Es wurde ihm gestattet,

Tatanka Iyotake unter der Überschrift „Sitting Bull Connection" in seine Show einzubinden. Die Show reiste überwiegend durch das südliche Kanada und Regionen der nördlichen Vereinigten Staaten.
Als die Show gerade in St. Paul, Minnesota gastierte, trat dort auch eine kleine, junge, dunkelhaarige Frau mit einer Schießnummer auf. Sie war Mitglied einer Varietétruppe, die sich aus vielen unterschiedlichen Künstlern zusammensetzte. Tatanka Iyotake befand sich im Publikum und war von ihren Schießkünsten sehr beeindruckt. Die Frau war Phoebe Ann Mosey, besser bekannt unter dem Namen Annie Oakley. Sie erinnerte Tatanka Iyotake an seine Tochter Walks Looking, die ihn nicht auf der Tour begleitete. Er bat um ein Treffen mit ihr und nach diesem Treffen „adoptierte" er sie mündlich und gab ihr den Lakota-Namen Watanya Cikala, was Kleine Sichere Schützin bedeutet. Dann schenkte er seiner neuen „Adoptivtochter" ein Paar perlenbestickte Mokassins.

Der Agent McLaughlin genehmigte Alvaren Allen nur eine Tour mit Tatanka Iyotake, aber während der Tour hörte William F. Cody von der erfolgreichen Veranstaltung. Er bat ebenfalls darum, Tatanka Iyotake in seiner Wild West Show auftreten zu lassen. Tatanka Iyotake nahm den Biberfilzhut mit, als William F. Cody ihn von Juni bis Oktober 1885 mit auf seine Buffalo Bill Cody Show mitnahm, die ihn durch die gesamten Vereinigten Staaten führte. Tatanka Iyotake ritt in Paraden und begrüßte die Besucher in seinem Tipi. (*Abb. Nr. 7*)
Während der Show wurde er als „Mörder von Custer" präsentiert und an jedem neuen Ort mit Respektlosigkeiten empfangen. Trotzdem standen die Leute Schlange und zahlten, um ein Autogram von ihm zu bekommen. Er war eine große Attraktion.

Als die Show am 3. Oktober endete, schenkte ihm Cody einen weißen Hut mit einem Monarchfalter an der Vorderseite des Hutbandes. Bescheiden und großzügig wie er war, verschenkte

Tatanka Iyotake seinen J.G. Volz & Co. Biberfilzhut an einen Hotelangestellten in St. Louis. Serle Chapman ersteigerte den Hut auf einer Auktion im Jahre 2005 und gab ihn im Juni 2006 an den Urenkel von Tatanka Iyotake zurück.

Zeitgenössische Historiker und Wissenschaftler bezichtigten Tatanka Iyotake der Widersprüchlichkeit, weil er auf der einen Seite den Weg der Wasicus ablehnte und dennoch in einer Blockhütte lebte und sein Autogramm für zwei Dollar verkaufte.

Aber diese Blockhütte gehörte seinem Schwager Gray Eagle, der die Lebensart der Wasicu angenommen hatte. Während der Zeit, als er mit Cody unterwegs war, verschenkte Tatanka Iyotake das ganze Geld, das er für die Autogramme bekam, an die zerlumpten weißen Kinder, die in den Straßen bettelten. Dass die Weißen ihre Kinder derart vernachlässigten, war eines der Dinge, die er niemals verstand. In der Sprache der Lakota werden die Kinder Wakanheja, bzw. Wakan Icaga (etwas Heiliges wächst heran) genannt. Die Lakota hegten und pflegten ihre Kinder und kümmerten sich ganz besonders um sie. Das ganze Volk nahm sich der Kinder an. Sie wurden in der heiligen Lebensweise der Lakota unterrichtet und sie wurden gelehrt, nicht Bettler, sondern Ernährer ihrer Familien zu sein und sich umeinander zu kümmern. Tatanka Iyotake sah eine düstere Zukunft für die Kinder seines Volkes , wenn die Leute dem Beispiel der Wasicu folgten und ihre Kinder ebenso vernachlässigten.

Im Oktober 1888 gestattete McLaughlin Tatanka Iyotake, mit einer Delegation von Lakota Häuptlingen nach Washington D.C. zu reisen. Während seines Besuchs gab Tatanka Iyotake ein Interview über seine Vision vor der Schlacht am Little Big Horn und über den Aufbau der Midnight Strong Heart Society. Er erzählte den Reportern von der Bedeutung der Midnight Strong Heart Society. Diese Gesellschaft wählte ihre Mitglieder auf Grund ihres hohen Ansehens, wegen ihres Mitgefühls, ihres Mutes, ihrer

Rechtschaffenheit und ihrer Bescheidenheit. Sie waren die Beschützer und Ernährer des Stammes und sie lehrten durch ihr Beispiel. Er sprach auch über einen Bund innerhalb der Gesellschaft, eine Gruppe von Leuten, die sich selbst die Silent Eaters (Stillen Esser) nannten. Sie hatten geschworen, ihren Häuptling vor allen Angreifern zu schützen oder mit ihm zu sterben.
(*Abb. Nr. 8*)

Abb. Nr. 1

Der Häuptling der Blackfoot, Crowfoot (Glenbow Archives NA-1494-2)

Abb. Nr. 2

Major Walsh, Kanadische berittene Polizei (Library of Congress)

Abb. Nr. 3

Ernie hält Sitting Bulls Winchester (Familienfoto)

Abb. Nr. 4

Sitting Bull inhaftiert in Fort Randall, 1882 (Familienfoto)

Abb. Nr. 5

Von links nach rechts: Zwilling, Alice Quimby, Zwilling, Four Robes mit Baby, Sitting Bull, Margaret Smith, Captain Quimby (auf dem Pferd) bei Fort Randall, 1882 (Familienfoto)

Sitting Bulls Biber Filzhut (Familienfoto)

Abb. Nr. 7

Schausteller in Buffalo Bills Wild West Show, 1885 (Familienfoto)

Abb. Nr. 8

Delegation in Washington, D.C., 1888. Sitting Bull steht etwas abseits, erste Person links in der dritten Reihe von unten gesehen (Library of Congress)

Abb. Nr. 9

Sitting Bull und One Bull, 1885 – achten Sie darauf, wie Sitting Bull in traditioneller Kleidung gekleidet ist und One Bull als weißer Mann (Serle Chapman)

Abb. Nr. 10

Standing Holy, 7 Jahre alt, 1883 (Familienfoto)

Abb. Nr. 11

Standing Holy, 1883 (Familienfoto)

Abb. Nr. 12

Crowfoot, 10 Jahre alt, 1883 (Familienfoto)

Abb. Nr. 13

Der Grand River, nur einige Schritte von Sitting Bulls Blockhaus entfernt (Serle Chapman)

Abb. Nr. 14

Aufgenommen kurz nach Sitting Bulls Tod – Lodge in Sight, Four Robes, Seen By Her Nation und Standing Holy, 1890 (Familienfoto)

Abb. Nr. 15

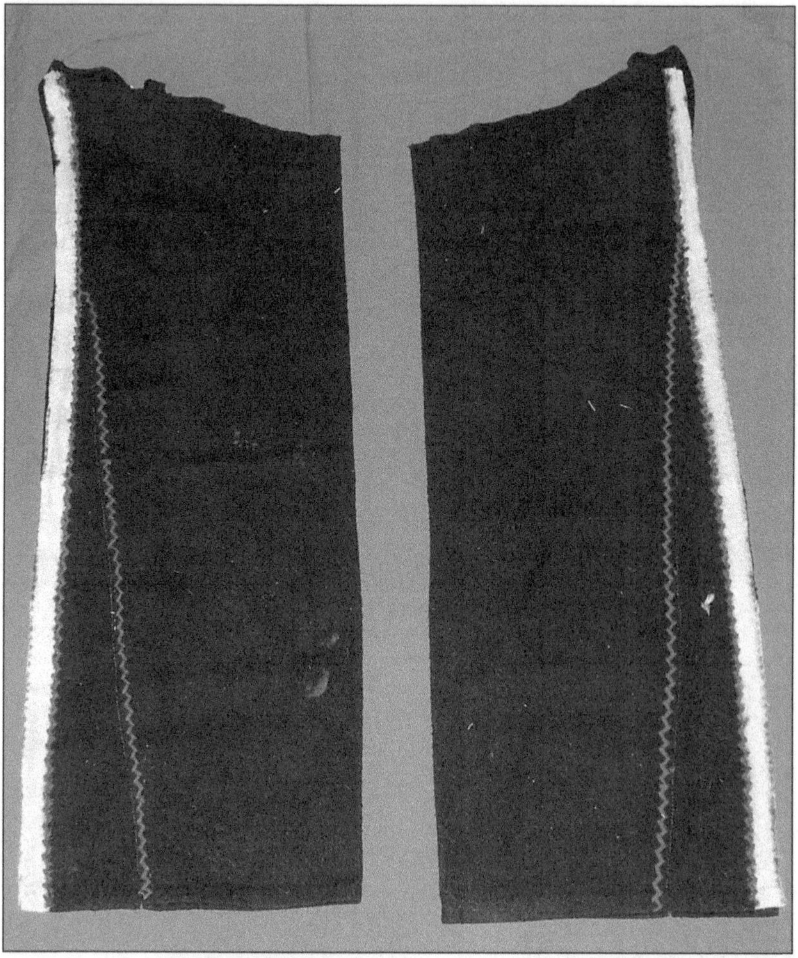

Sitting Bulls Leggings (Familienfoto)

Abb. Nr. 16

Gray Eagle, seine Frau, Baby Moses und Sohn Clarence, 1903 (Familienfoto)

Abb. Nr. 17

Standing Holy, Seen By Her Nation, Runs Away From, Lodge In Sight, Four Robes, 1891 (Familienfoto)

Abb. Nr. 18

Marlene und Ernie in Ernies Haus in South Dakota, 2007 (Familienfoto)

Der Geistertanz

Am Ende der 1880er Jahre waren die Lakota ein gebrochenes Volk, ohne jegliche Hoffnung auf eine Zukunft. In jener Zeit brachte ein heiliger Mann der nördlichen Paiute namens Wovoka (alias Jack Wilson) den Indianern im ganzen Land neue Hoffnung. Sein Vater war ein bekannter heiliger Mann, der den Titel eines „Wetterdoktors" innehatte. Er wollte, dass sein Sohn seinem Beispiel folgte und ebenfalls lernte, ein „Wetterdoktor" zu sein.

Während dieser Ausbildung hatte Jack eine Vision. Am 1. Januar 1889 gab es eine Sonnenfinsternis und während dieser Sonnenfinsternis fiel er in Trance. Jack sagte, er hätte vor Gott gestanden und die meisten seiner Freunde und Vorfahren gesehen, die dort ihren Lieblingsbeschäftigungen nachgingen. Er sagte, Gott hätte ihn beauftragt, seinen Leuten zu sagen, sie sollen einander lieben und in Frieden mit dem weißen Mann leben. Weiterhin hätte Gott ihm aufgetragen, den Leuten zu raten, dass sie arbeiten und nicht kämpfen, stehlen oder lügen sollten. Gott hätte gesagt, dass wenn die Leute diese Regeln befolgten, sie mit ihren Freunden und Verwandten in der anderen Welt wieder vereint sein würden. Jack verkündete, es gäbe dann keine Krankheit, keine Seuchen und auch kein Altern mehr. Gott hätte ihm den „Geistertanz" gezeigt, den er unter den Völkern verbreiten sollte.

Die neue Religion wurde „Tanzen im Kreis" genannt. Der erste Kontakt, den die Weißen mit dem Geistertanz hatten, war übrigens bei den Lakota. Ihre Bezeichnung dafür war der „Tanz der Seelen" und wurde später dann als Geistertanz übersetzt.
Die meisten Indianervölker der westlichen Vereinigten Staaten sandten Delegierte, um den selbsternannten Propheten und seine Religion zu prüfen. Selbst die Mormonen aus Utah sandten Delegierte. Einige der Anhänger glaubten auch an Geisterhemden. Es waren Gerüchte im Umlauf, die spirituelle Kraft dieser Hemden

würde sie kugelsicher machen. Es ist nicht sicher, woher der Gedanke des Geisterhemdes stammt, aber es wird vermutet, dass es eine mögliche Verbindung zum „Garment“ (einteilige Unterwäsche für Männer) gibt, welche den Träger nach dem Glauben der Mormonen vor Gefahren schützen soll. Kicking Bear und Short Bull brachten dieses Konzept zu den Lakota, mit ihrer eigenen Interpretation von Jacks Religion.

Sie erzählten den Lakota, dass, wenn sie hingebungsvoll den Geistertanz tanzten, sich die Erde erneuern würde, alles Böse fortgeschwemmt und alle weißen Menschen verschwinden würden. Sie behaupteten auch, dass alle ihre Freunde und Verwandten, die von den Weißen getötet wurden, wieder zum Leben erwachen und die Büffel in Überfluss zurückkommen würden. Das war aber nicht Jacks Interpretation seiner Vision, die ein harmonisches Zusammenleben mit den Weißen propagierte.

Kicking Bear war ein Minniconjou Lakota, der an den Geistertanz glaubte. Er kam um 1890 in die Standing Rock Reservation. Tatanka Iyotake jedoch lebte noch immer nach der traditionellen Lebensart der Lakota. Er glaubte nicht an diese neue Religion, aber er gestatte Kicking Bear, die Leute um ihn herum zu unterrichten. Er hatte nichts dagegen und mischte sich nicht ein, wenn sie diesen Glauben annahmen und anfingen zu tanzen. Er wusste, dass die Menschen etwas brauchten, das ihnen half zu überleben und ihnen eine neue Hoffnung für die Zukunft gab.

McLaughlin hatte trotzdem Angst vor dem Einfluss, den diese Bewegung auf das Lakota Lager am Grand River haben könnte. Er glaubte, die Geistertanzreligion könnte dazu beitragen, Tatanka Iyotakes Ansehen unter den Hunkpapa wieder zu stärken. McLaughlin hatte Tatanka Iyotake mehrfach wissen lassen, dass dieser nichts ohne seine Erlaubnis tun könne. Wieder einmal wurde McLaughlins Autorität durch Tatanka Iyotakes bloße Anwesenheit untergraben.

In der Zwischenzeit hatte auch Tatanka Iyotake bemerkt, dass der Geistertanz dem Volk eher schadete. Anstatt ihnen Hoffnung für die Zukunft zu geben und Kraft, die Gegenwart zu ertragen, bestimmte der Geistertanz das ganze Leben der Menschen. Tatanka Iyotake fragte sich, wie die anderen Stammesführer damit umgingen. Er ging in die Prärie hinaus, um zu beten und Inspiration von Wakan Tanka zu erhalten. Auf dem Rückweg zu seiner Hütte begegnete ihm ein Tasiyagnupa, ein Wiesensterling, einer seiner speziellen geflügelten Boten. „Die Lakota werden dich töten", warnte der Wiesensterling.

Das war im August 1890. Trotz der Warnung des Wiesensterlings konnte Tatanka Iyotake sein Volk nicht im Stich lassen. Er musste versuchen sie zu überzeugen, dass der Tanz nicht halten konnte, was er versprach, und er musste einen Weg finden, dass sie nicht wieder in Hoffnungslosigkeit und Verzweiflung zurückfielen.

Verrat

Die Taktik des Weißen Mannes, Teilen und Herrschen, funktionierte gut unter den Hunkpapa. Viele von Tatanka Iyotakes treuesten Gefolgsleuten und Anhängern im Kampf, die Lebensart der Lakota zu erhalten, hatten sich nun dem Weg der Wasicu zugewandt. Sie hatten die Religion der Wasicu übernommen und die Heilige Pfeife und die alten Zeremonien aufgegeben. Dies machte Tatanka Iyotake sehr traurig, denn auch Mitglieder seines Tiospaye hatten sich von den alten Wegen der Hunkpapa Lakota abgewandt.

Während McLaughlins Aufsicht über die Standing Rock Reservation konnte dieser viele davon überzeugen, das nomadische Leben der Lakota aufzugeben und sich einen festen Wohnsitz zu suchen. Er hatte aber wenig Hoffnung, dass er Tatanka Iyotake dazu überreden konnte, ein Farmer zu werden. Die Entschlossenheit, mit der dieser Lakota Anführer den alten Wegen folgte, bereitete McLaughlin Kopfzerbrechen und frustrierte ihn zugleich.

Um Tatanka Iyotake und seine Familie zu kontrollieren, rekrutierte McLaughlin einen Informanten, der jeden Schritt, den sie machten, beobachten sollte. Er sollte selbst die engsten Kreise, in denen Tatanka Iyotake sich bewegte, infiltrieren.

Die Silent Eaters innerhalb der Midnight Strong Heart Society waren treue Anhänger. Trotzdem wurde Tatanka Iyotake in Intrigenspiele verwickelt, denn McLaughlin schien jedes Mal alles zu wissen, was auf den Ratsversammlungen besprochen wurde. Zumindest ein Ratsmitglied war nicht das, was es vorgab zu sein. Ein Freund oder Verwandter von Tatanka Iyotake spielte hier doppeltes Spiel. Das Hauptthema der Treffen war gewöhnlich die Geistertanzreligion und McLaughlin schien immer zu wissen, was besprochen und entschieden wurde.

Am 14. Dezember 1890 hatte Tatanka Iyotake eine Versammlung mit den Silent Eaters und den Ältesten, und er kündigte an, dass er zur Pine Ridge Indian Reservation fahren wolle, um sich mit Red Cloud zu beraten. Er dachte, es wäre an der Zeit, die Probleme anzusprechen, die der Geistertanz heraufbeschwor. Obwohl McLaughlin ihm gesagt hatte, dass er ohne seine Genehmigung nirgendwo hinfahren konnte, teilte Tatanka Iyotake den Ratsmitgliedern mit, dass er als Lakota die Freiheit hätte, in dem Land umherzureisen, ohne von irgendjemand eine Erlaubnis zu haben.

Wie hat McLaughlin von diesem Plan erfahren? Diese Frage wurde im Lauf der Jahrzehnte schon oft gestellt. Hier ist die Antwort:

Wie immer war auch One Bull bei der Ratsversammlung anwesend. Er war der Sohn von Tatanka Iyotakes älterer Schwester, Good Feather Woman. Er besuchte die Treffen, seit Tatanka Iyotake die Verantwortung für die Ausbildung seines Neffen übernommen hatte, so wie es Four Horns mit ihm getan hatte. Tatanka Iyotake lehrte One Bull alle Dinge, die er selbst von Four Horns gelernt hatte. Aber One Bull hatte sich für einen anderen Weg entschieden und arbeitete als Spitzel für McLaughlin. Er nahm an allen Ratsversammlungen teil und hörte gut zu, was für Pläne gemacht und welche Entscheidungen getroffen wurden. Dann schlich er sich zur heutigen Little Eagle Gemeinde und suchte den Schullehrer der Wasicu auf. Dort gab es einen Telegrafen. Er berichtete dem Schullehrer alle Einzelheiten des Treffens und dieser sandte über den Telegrafen eine Nachricht an McLaughlin. (*Abb. Nr. 9*)
Nach der Versammlung am Abend des 14. Dezember 1890 erfuhr One Bull, dass das Telegrafenbüro am Sonntag geschlossen hatte, aber er musste die Ergebnisse der Ratsversammlung nach Fort Yates, Norddakota, schicken. Heimlich verließ er die Versammlung seines Onkels und ritt auf seinem Pferd in Windeseile nach Fort Yates, zu McLaughlins Büro. Er berichtete McLaughlin, dass Tatanka Iyotake sein Pferd für eine schnelle Reise nach Pine

Ridge fertig machte, und somit McLaughlins Anordnung zuwider handelte. Dann ritt One Bull sein erschöpftes Pferd zu Tode, als er zurück zu Tatanka Iyotakes Lager raste. Er rannte den Rest der Strecke zu seinem Tipi, bevor die Indianerpolizei eintraf, so dass man ihn nicht als Informanten entlarven würde.

Als Polizist stand er unter dem Kommando von McLaughlin und er war der Spitzel bei Tatanka Iyotakes Ratsversammlungen. Der Mord an Tatanka Iyotake, seinem Sohn und seinen engen Vertrauten, den Silent Eaters, war eine Tragödie, die durch den Verrat seines Neffen One Bull verursacht wurde.

Zwei sehr wichtige schriftliche Beweisstücke belegen, was die Nachfahren Tatanka Iyotakes schon immer über die Rolle von One Bull wussten. Das erste ist ein Brief von E.D. Mossman, dem Superintendanten der Standing Rock Indian School an den Kommissar für indianische Angelegenheiten in Washington D.C. vom 25. August 1922 (siehe Anhang 1). Er führt aus:

„Zu Ihrer Information möchte ich Ihnen mitteilen, dass Sitting Bull praktisch keine Verwandten auf dieser Reservation hat. Seine nächsten noch hier lebenden Angehörigen sind One Bull, ein Neffe, und die Ehefrau von Gray Eagle. One Bull, obwohl er sein Neffe war, war einer der Männer, die als Polizisten kamen, um Sitting Bull zum Zeitpunkt seines Todes zu verhaften."

Das zweite Beweisstück stammt von One Bull selbst. Als er nach dem Mord befragt wurde, behauptete er zuerst, dass er nicht zu Hause gewesen wäre, als sein Onkel getötet wurde. Wie in „The Arrest and Killing of Sitting Bull", herausgegeben von John Caroll, berichtet wird, gibt es eine zweite Aussage von ihm:

„Spät in der Nacht kamen McLaughlin und Louis Primeau zu mir und sagten: 'Es ist egal, wohin die Geistertänzer gehen. Du und dein Onkel sollten besser bleiben, wo ihr seid. Es kommen Solda-

ten aus Heart River, Slim Buttes und Fort Sully.
Ich verließ die Agentur früh am morgen und weil eines meiner Pferde vor Erschöpfung gestorben war, verspätete ich mich und erreichte mein Heim erst bei Tagesanbruch des nächsten Morgen." (Siehe S. 96 in „The Arrest and Killing of Sitting Bull")

Bis ans Ende ihrer Tage hielt Tatanka Iyotakes Tochter Standing Holy (Mary Sitting Bull-Spotted Horse) One Bull für den Tod ihres Vaters verantwortlich. Im Jahre 1917 fuhren Standing Holy und drei ihrer Kinder nach Standing Rock, um Verwandte zu besuchen. Eines dieser Kinder war die 14-jährige Angelique, die spätere Mutter von Ernie LaPointe. Die Familie fuhr in einem Wagen, denn die Reise war lang und anstrengend.
(*Abb. Nr. 10*)
Als sie ein gutes Stück in die Standing Rock Reservation gefahren waren, kam ihnen aus der entgegengesetzten Richtung ein Reiter entgegen. Als er sich dem Wagen näherte, nahm Standing Holy ihren Schal und bedeckte ihren Kopf und das Gesicht. Der Mann ritt an den Wagen heran und grüßte die Familie freundlich. Er erkundigte sich nach Standing Holys Familie, ihrer Gesundheit und ihrem Wohlbefinden. Hinter ihrem Schal versteckt, antwortete ihm Standing Holy. Sie forderte den Mann auf, weiterzureiten, und dass sie sein Gesicht niemals wiedersehen wolle.

Sie beschuldigte ihn, dass man auf Grund seiner geheimen Aktivitäten und seiner Tätigkeit als Spitzel und Informant für McLaughlin damals gekommen sei, um ihren Vater zu töten. Sie sagte ihm, dass ihre Familie wohl wisse, dass er in der Nacht bevor Tatanka Iyotake ermordet wurde, nach Fort Yates geritten sei, um dem Agenten McLaughlin zu berichten, dass Tatanka Iyotake vor hatte, nach Pine Ridge zu reiten, um sich mit Red Cloud zu treffen. Dann hätte er sein Pferd zu Tode geritten, um vor Ankunft der Indianerpolizei wieder im Lager zu sein, damit er nicht als Spitzel entlarvt werden würde. Als Standing Holy fertig war, antwortete der Mann, sie sollte so etwas nicht sagen, aber Standing Holy weigerte sich, ihre Worte zurückzunehmen. Schließlich ritt er weiter.

Angelique fragte ihre Mutter, wer der Mann gewesen sei, und Standing Holy sagte ihr, sein Name sei Henry Oscar One Bull. Sie warnte ihre Tochter immer wieder, sich stets vor One Bull und seiner Familie in Acht zu nehmen. Die Belohnung für den Verrat an ihrem Vater war damals, dass McLaughlin One Bull als wahren, treuen und gehorsamen Diener der Wasicu Regierung bezeichnete. Die Taten One Bulls, der Indianerpolizei und all ihrer Anhänger aber hätten einen Fluch auf ihre Nachfahren geladen, denn sie hätten den wahren Häuptling der Tiatunwan Lakota, und was noch schlimmer ist, einen Sonnentänzer getötet.

Nach dem Glauben der Lakota muss ein solch tragisches Ereignis innerhalb von vier Generationen wiedergutgemacht werden. Wird es das nicht, dann ist die Chance vertan. Ernie LaPointe und seine drei Schwestern sind die dritte Generation. (*Abb. Nr. 11*)

Der Mord an Tatanka Iyotake

Die historischen Berichte über den Tod von Tatanka Iyotake zeigen uns meist eine Erzählung, die reibungslos von Punkt zu Punkt fließt. Sie weisen dabei oft einige eklatante Diskrepanzen auf. Und all diese Berichte stammen aus einer einzigen Quelle: Stanley Vestal (Walter Campbell), der im Jahre 1930 die Standing Rock Reservation besuchte, um Nachfahren von Tatanka Iyotake ausfindig zu machen.
Er wollte eine Biographie über Tatanka Iyotake schreiben und befragte dazu One Bull. Aber One Bulls Berichte sind nicht richtig, und damit Walter Campbell seine Geschichte nicht anzweifelte, wurde Walter von One Bull als Sohn „adoptiert".
Um ihrem Vater mehr Glaubwürdigkeit zu verleihen, fälschten die Töchter One Bulls zusätzlich seine Version der Geschichte und behaupteten, dass One Bull durch eine Hunkayapi-Zeremonie der Sohn von Tatanka Iyotake gewesen wäre. Aber kein Lakota würde sich mit einer Person dieser Zeremonie unterziehen, mit der er bereits blutsverwandt ist. Tatanka Iyotake handelte als Mentor für den Sohn seiner Schwester, so wie Four Horns, der Bruder seines Vaters es für ihn getan hatte.

Stanley Vestal hat niemals mit den direkten Nachfahren von Tatanka Iyotake gesprochen. Vestal glaubte den Worten One Bulls und verfasste nach seinen Berichten ein Buch mit dem Titel: Sitting Bull, Champion of the Sioux. Seitdem hat jeder Buchautor und jeder Historiker diesen Roman als authentische historische Quelle betrachtet, aber in Wirklichkeit ist es freie Erfindung.

Die Geschichte über den Tod von Tatanka Iyotake, die aus der Sicht eines Nicht-Lakotas geschrieben wurde, deckt sich nicht mit den Berichten von drei Augenzeugen des Geschehens. Diese Augenzeugen waren Tatanka Iyotakes Kinder, die mit angesehen haben, wie ihr Vater ermordet wurde.

Ernie LaPointes Mutter hörte diese Geschichten von ihrer Mutter Standing Holy und von ihren Onkeln John Sitting Bull und Henry Little Soldier. Standing Holy war die jüngste Tochter von Tatanka Iyotake und Seen-By-Her-Nation. John Sitting Bull war taubstumm. Sein Lakotaname war Refuses Them und er war der Sohn von Seen By Her Nation. Henry Little Soldier war der Sohn von Four Robes.
Bevor sie Tatanka Iyotake heirateten, waren Seen by her Nation und Four Robes mit Bear Louse verheiratet, und beide hatten jeweils einen Sohn aus ihrer ersten Ehe. Tatanka Iyotake behandelte sie wie seine eigenen Kinder. Sie waren dabei, als Tatanka Iyotake am Morgen des 15. Dezember 1890 ermordet wurde und ihre Geschichte unterscheidet sich völlig von One Bulls Version.

Alle Berichte stimmen darin überein, dass am frühen Morgen des 15. Dezember dreiundvierzig Metallbrüste (die Indianerpolizei) in das schlafende Lager Tatanka Iyotakes kamen. Aber von diesem Punkt an gehen die Berichte auseinander. Einige der dramatischsten Geschichten erzählen, dass die Polizisten in Tatanka Iyotakes Hütte einbrachen, ihn aus seinem Bett warfen und den nackten Alten vor das Haus zerrten. Das erscheint höchst unwahrscheinlich, denn es war ein Wintermorgen im Dezember.

Stattdessen berichteten die Stiefsöhne, dass die Polizisten an die Tür klopften und ihn baten herauszukommen. Sie warteten auf ihn, während er sich sein Hemd und seine Leggings anzog. Den Beweis dafür lieferte das Smithsonian, welches Ernie LaPointe im Dezember 2007 die Leggings zurückgab, die man dem Leichnam Tatanka Iyotakes abgenommen hatte.

In der Hütte befanden sich Tatanka Iyotakes Frauen und Kinder, einschließlich seiner beiden Stiefsöhne und seinem Sohn Crowfoot. Crowfoot war ein Teenager von 17 Jahren und kein 14-jähriger Junge wie oft behauptet wird. Als Tatanka Iyotake zur Tür der Hütte ging, sprang auch Crowfoot auf und ergriff seine Waffe. Er versprach seinem Vater, dass er ihn beschützen wolle. „Ich werde an deiner Seite stehen". (*Abb. Nr. 12)*

An der Tür hielt Tatanka Iyotake kurz inne, drehte sich um und sang ein Lebewohllied für seine Familie. Er sang: „Ich bin ein Mann und wo immer ich liege, sind auch die Meinen." Dann drehte er sich um und trat zur Tür hinaus. Crowfoot folgte ihm und trug sein Gewehr. Die Personen, die in der Hütte zurückgeblieben waren, sagten später, dass es eine Ewigkeit gedauert hat, bis sie plötzlich Gewehrfeuer hörten. Tatanka Iyotake fiel vor die Tür und einige Sekunden später fiel Crowfoot neben seinen Vater. An diesem kalten Dezembermorgen starben sechs Silent Eater gemeinsam mit ihrem Häuptling, ihrem Freund und Sonnentänzer.

Abschließend gibt es noch eine Unstimmigkeit in der Geschichte. Viele Berichte, besonders jene der Indianerpolizisten sagen aus, dass Crowfoot sich unter einem Bett in der Hütte versteckt hätte. Als die Polizisten ihn hervorzogen, hätte er weinend um sein Leben gefleht. Bull Head, der Anführer der Indianerpolizei hätte seinen Tod befohlen und die Polizisten hätten den Jungen dann getötet. Das ähnelt der ausgedachten Geschichte, dass man Tatanka Iyotake nackt hinausgeschleift hätte und dient dazu, sogar das Andenken an seinen Sohn zu beschmutzen.

Crowfoot starb außerhalb der Hütte. Es gab tatsächlich ein weinendes Kind, aber dabei handelte es sich um den 12-jährigen William. Sein Halbbruder Crowfoot war zu diesem Zeitpunkt bereits an der Seite seines Vaters gestorben. Es ist wohl nicht schwer zu verstehen, warum auch dieser Junge um sein Leben fürchtete. Die Version von One Bull bezüglich dieser Geschichte ist komplett erfunden.
Die engsten Familienmitglieder von Tatanka Iyotake mussten entsetzt mitansehen, wie ihr Vater und Ehemann umgebracht wurde.

Als eine Einheit der amerikanischen Armee zur Verstärkung der Indianerpolizei in das Lager einrückte, rannten die Familienmitglieder und die anderen Dorfbewohner um ihr Leben. Jetzt gab es nicht nur die Metallbrüste, die man zu fürchten hatte, sondern auch die Soldaten. Die beiden Frauen von Tatanka Iyotake, Seen By Her Nation und Four Robes, nahmen ihre fünf Kinder und Tatanka Iyotakes ältere Tochter Many Horses, und flohen nach Süden. Die Kinder waren: Tatanka Iyotakes Stiefsöhne John Sitting Bull (Refuses Them) und Henry Little Soldier, Tatanka Iyotakes leibliche Kinder Standing Holy (Mary Sitting Bull), die Tochter von Seen By Her Nation, und auch Lodge in Sight (Lizzie Sitting Bull) und Runs Away From (William Sitting Bull), die Kinder von Four Robes.

Als sie über den Grand River fliehen wollten, wurde die Familie zusammen mit 200 anderen Bewohnern des Lagers von Streitkräften der Armee, die sie verfolgten, abgefangen. Sie wurden in Fort Yates in Schutzhaft genommen. Alle Männer, die zwischen 17 und 50 Jahre alt waren, wurden dann bis zum Frühjahr 1891 in Fort Sully festgehalten. McLaughlin fürchtete die Strong Heart Society und vermutete, diese Männer wären Mitglieder dieser Gesellschaft und könnten sich für den Tod Tatanka Iyotakes rächen.

Selbst die Armee war ein wenig überrascht über die heftige Reaktion der anderen Hunkpapa gegen Tatanka Iyotakes Familie. Viele Menschen waren wütend darüber, dass ihre geliebten Angehörigen bei der Festnahme Tatanka Iyotakes ihr Leben verloren hatten. In einem Fall kämpften sogar Vater und Sohn gegeneinander, der Sohn auf der Seite der Polizei und der Vater mit seinem alten Freund, dem Häuptling. Zu dieser Zeit hatten sich viele Hunkpapa den Wünschen McLaughlins gebeugt und wollten „gute Indianer“ sein. Sie hatten das Christentum übernommen und folgten dem Weg des Weißen Mannes.

Tatanka Iyotake hatte sich immer geweigert, dem Weg des Weißen Mannes zu folgen. Er und seine Gefolgsleute wollten in Ruhe gelassen werden und weiter den alten Weg gehen. Die Spaltung unter den Hunkpapa hatte verheerende Folgen. Es ist mehr als nur Ironie, dass die Armee der Vereinigten Staaten zum Beschützer ihres eigenen Gegners wurde, weil sie seine Familie vor seinen eigenen Leuten schützen musste. (*Abb. Nr. 13*)

Die Bestattung der Toten

Der Planwagen des Fuhrmannes James Hanson, der Waren nach Fort Yates, Nord Dakota, beförderte, stand unter dem Befehl von Oberst Fechet und wurde angewiesen, dessen Truppen zum Gebiet des Grand River in Süd-Dakota zu begleiten. Sie sollten die Leichen der „Sioux" Indianerpolizisten und den Leichnam Tatanka Iyotakes bergen. Als die Männer die Hütte von Tatanka Iyotake erreichten, waren sie entsetzt über den Zustand des Wiwang Wacipi Wicasa und Häuptlings der Lakota Nation. Die Angehörigen der Polizisten, die während des gescheiterten Versuches, ihn zu verhaften, getötet worden waren, hatten seinen Leichnam fast bis zur Unkenntlichkeit verstümmelt. Hanson überführte die Körper von Tatanka Iyotake und der ebenfalls getöteten Polizisten nach Fort Yates, Nord Dakota.

Der Militärarzt Dr. Horace M. Deeble nahm den geschundenen Körper Tatanka Iyotakes am 16. Dezember 1890 um 16.30 Uhr entgegen. Dr. Deeble war der amtierende Arzt und auch der Leichenbeschauer und Bestatter des Postens. Er führte eine Voruntersuchung am Leichnam Tatanka Iyotakes durch. Er berichtete dem Agenten McLaughlin, dass Tatanka Iyotake eine Schusswunde in der linken Seite, zwischen der zehnten und elften Rippe hätte, und dass die Kugel nach unten bis zur Hüfte gewandert sei, ohne auszutreten.
Er berichtete außerdem von einer Schusswunde in der rechten Wange, direkt unter dem rechten Auge. Wahrscheinlich gab McLaughlin den mündlichen Befehl, keine Autopsie am Leichnam vorzunehmen, und so wurden die Kugeln mit Tatanka Iyotake beerdigt. Der Befehl schloss aber wohl nicht die Gegenstände ein, die Tatanka Iyotake gehörten, und so nahm Dr. Deeble die blutdurchtränkten Leggings in Besitz und schnitt einen kleinen Zopf vom Skalp ab. Dieser schmale Zopf hielt die Adlerfeder des Hunkpapa Lakota Häuptlings. (*Abb. Nr. 15*)

Dr. Deeble wickelte den nackten Körper von Tatanka Iyotake in einen Sack aus Segeltuch, legte ihn in eine Kiste aus Kiefernholz und beerdigte ihn ohne Zeremoniell auf dem Militärfriedhof. Dann stellte er Wachposten am Grab auf, um zu verhindern, dass Angehörige der Indianerpolizisten und Agenturindianer die Überreste von Tatanka Iyotake entweihten.

Aus Angst vor der Rache der Agenturindianer und vor McLaughlin kehrten die Überlebenden, die nach dem Mord geflohen waren, nicht zum Lager zurück, um die sechs Silent Eaters und Seen By Her Nations Sohn Crowfoot zu bestatten. Stattdessen kamen die Familien und Freunde dieser sieben Männer heimlich im Schutze der Nacht und wechselten die Kleidung der Toten, um sie angemessen für ihre Reise in die Geisterwelt vorzubereiten. Es war schwer für sie zu ertragen, dass ihre Lieben keine rituelle Bestattungszeremonie bekommen würden, aber die Feindseligkeit gegen sie war so groß, dass jeder Versuch sie zu bestatten sehr gefährlich gewesen wäre.

Die Körper blieben dort, wo sie gefallen waren. Ungefähr eine Woche später erfuhr Pfarrer Riggs, ein Lehrer an der Preoria Flats Dignity School in der Nähe von Fort Sully, dass diese Männer kein ordentliches Begräbnis bekommen hatten. Er machte sich sofort auf den Weg, um die Angelegenheit zu regeln. Er bat einen seiner Schüler, ihn auf dem Weg zu dem Ort zu begleiten, wo die verwaisten Körper lagen und sie auf die Bestattung vorzubereiten.

Als sie am Tatort eintrafen, fanden sie folgende Situation vor: Die Leichname waren angemessen gekleidet und auf Grund der kalten Temperaturen im Dezember noch im guten Zustand. Aber der Boden war gefroren, und um ein Grab auszuheben, waren mehrere Männer nötig. So fuhren die beiden nach Fort Yates und versuchten einige der Agenturindianer dazu zu bewegen, ihnen zu helfen. Normalerweise hätten sie versucht, die Verwandten und Freunde der Verstorbenen um Hilfe zu bitten, aber sie erfuhren, dass diese um ihr Leben fürchteten, wenn sie versuchten, ihre Lieben in einer angemessenen Zeremonie zu bestatten. Der Pfarrer konnte nicht einen der Verwandten und Freunde überreden, ihm zu helfen.

Schließlich musste Pfarrer Riggs auf Bestechungsmittel zurückgreifen. Er versprach den Agenturindianern, sie könnten Tatanka Iyotakes Schweine, Hühner und eine Kuh als Bezahlung dafür haben, wenn sie die Gräber aushoben. Es waren zwölf Agenturindianer, die bereit waren, gegen Bezahlung zum Ort des Geschehens zu fahren und beim Graben zu helfen, aber mit Sicherheit nicht mit dem Respekt für die Toten, die ein wahrer Lakota zeigen würde. Es dauerte fast drei Tage und so gruben sie lediglich ein Massengrab. Crowfoot legten sie als ersten in das Grab.

Nachdem das Begräbnis vollendet war, hielt der Pfarrer sein Versprechen. Er gestattete den Agenturindianern, die Hühner und anderen Tiere aus dem Besitz Tatanka Iyotakes zu nehmen. Danach kehrte die Gruppe nach Fort Yates zurück und berichtete über das Begräbnis der traditionellen Hunkpapa Lakota. Die Reaktion war wirklich erschreckend. Der ganze Stamm veranstaltete ein Powwow, um dieses Ereignis zu feiern. Sie hielten ein Festessen ab, tanzten und riefen: „Jetzt sind alle Übeltäter tot und begraben."
Jetzt konnten sie endlich Wasicus werden und den christlichen Glauben annehmen, ohne von Leuten gestört zu werden, die noch immer den spirituellen Weg der Lakota gingen. James McLaughlin lehrte die Standing Rock Indianer, treue und gehorsame Diener des Großen Weißen Vaters in Washington, D.C. zu sein. Noch heute verachten sie das Andenken an Tatanka Iyotake und sie verachten seine direkten noch lebenden Nachfahren.

Wegzug von Standing Rock

Im Juni 1891 erschien Seen By Her Nation ein Geistwesen, das ihr auftrug, sich und ihre Familie auf eine schnelle Abreise vorzubereiten. Dieses Geistwesen sagte ihr, sie würden weg von der Standing Rock Indianerreservation und dem Agenten McLaughlin geführt werden. Der Grund, weshalb sie Standing Rock verlassen sollten, wäre, das Erbe und die Blutlinie Tatanka Iyotakes zu bewahren. (*Abb. Nr. 14*)

Im Morgengrauen des nächsten Tages schlich sich die Familie mit 200 Hunkpapa davon. Eine Tasiyagnupa führte sie zum Cheyenne River. Durch das heutige Red Shirt Plateau erreichten sie die Badlands in South Dakota. Sie blieben nahe am westlichen Rande der Badlands. Es wurden Posten an verschiedenen Stellen aufgestellt, um vor der Ankunft von Fremden zu warnen. Immer wenn ein Fremder auftauchte, versteckten sich die Leute in den Badlands. Auf diese Weise blieben sie fast ein Jahr lang unentdeckt.

Im Frühjahr 1892 entdeckte der Indianeragent der Agentur in Pine Ridge die große Gruppe der Hunkpapa innerhalb der Reservationsgrenzen. Er brachte sie zur Agentur und dort durften sie sich in die Stammeslisten der Pine Ridge Indianerreservation eintragen. In dem Gebiet, wo sie gelagert hatten, wurde ihnen schließlich Land zugeteilt.

Die Leute von der Standing Rock Reservation waren froh, dass die Nachfahren von Tatanka Iyotake die Reservation verlassen hatten und nun in der Pine Ridge Reservation eingeschrieben wurden. Tatanka Iyotakes Ehefrau, Seen By Her Nation, verstarb im Jahre 1897, ohne jemals wieder zur Standing Rock Indianerreservation zurückgekehrt zu sein. Ihr eigener Bruder Gray Eagle und ihr Neffe One Bull hatten sie verraten. Das war für sie unverzeihlich.

Aber Four Robes, Tatanka Iyotakes weitere Frau, wollte zur Standing Rock Reservation zurückkehren. Sie vermisste ihren Bruder Gray Eagle und seine Familie. Im Jahre 1900 schickte sie ihren Sohn Runs Away From (William Sitting Bull) zur Standing Rock Reservation und ließ dort um Registrierung bitten. (*Abb. Nr. 16*)

Die Bitte von Runs Away From wurde im Jahre 1908 von der Stammesregierung in Standing Rock abgelehnt. Die Begründung war, dass sie nicht wollten, dass der Sohn eines Unruhestifters sich in die Stammeslisten einschreiben konnte. Er kehrte nach Pine Ridge zurück und verstarb 1909 im Alter von 31 Jahren.

Dies ist der Beweis dafür, dass es keine direkten Nachfahren aus der Linie Tatanka Iyotakes gibt, die in Standing Rock leben oder eingeschrieben sind, von den Behauptungen der One Bull Familie abgesehen. Diese behaupteten weiterhin, direkte Nachfahren von Tatanka Iyotake zu sein, aber in Wirklichkeit sind sie nur Verwandte der Seitenlinie und keine Nachfahren. Für die Lakota zählt die Familie bilinear, d.h. dass beide Familien sowohl von Seiten des Vaters als auch der Mutter die Vorfahren eines Menschen sind, und nur diejenigen, die Kinder von Tatanka Iyotake und seinen Frauen sind, zählen als Abkömmlinge. One Bull, der Sohn von Tatanka Iyotakes älterer Schwester, könnte für sich in Anspruch nehmen, dass er ein Nachfahre von Tatanka Iyotakes Eltern ist, aber das ist auch schon der gesamte Umfang der Beziehung. (*Abb. Nr. 17*)

Die Nachfahren One Bulls wollen die direkten Abkömmlinge Tatanka Iyotakes noch immer nicht anerkennen. Ihrer Ansicht nach hat die Familie Tatanka Iyotakes ihre Verwandtschaft und Blutlinie mit Tatanka Iyotake aufgegeben, als sie die Standing Rock Indianerreservation verließen. Aber das ist ein vollkommen absurdes Argument, denn das würde ja bedeuten, dass sich Abstammung auf den Ort statt auf die Blutlinie stützt.

Die Grabstätte Tatanka Iyotakes

Selbst Jahre nach seinem Tode war Tatanka Iyotake der einzige, der auf dem altem Militärfriedhof von Fort Yates begraben lag. Dreiundsechzig Jahre lang ignorierten die Leute von der Standing Rock Indianerreservation sein Grab. Auch der Staat Nord-Dakota und die Bundesregierung kümmerten sich nicht um die Begräbnisstätte des Wiwang Wacipi Wicasa und wahren Häuptling der Lakota Nation.

Im Jahre 1953 entschieden sich die drei Enkeltöchter Tatanka Iyotakes, die Gebeine ihres Großvaters aus Fort Yates zu verlegen. Sie hofften, dass ihre Bemühungen endlich dazu führten, ihrem Großvater eine würdige Ruhestätte zu geben. Bei diesen Enkelinnen handelte es sich um: Angelique Spotted Horse-LaPointe, Sarah Spotted Horse-Little Spotted Horse und Nancy Sitting Bull -Kicking Bear. Angelique und Sarah waren Töchter von Standing Holy (Mary Sitting Bull) und Nancy war die Tochter von Runs Away From (William Sitting Bull). Clarence Gray Eagle, ihr Onkel, unterstützte die Enkelinnen. Auch die Handelskammer von Süd Dakota in Mobridge unterstützte den Plan, Tatanka Iyotakes sterbliche Überreste zu exhumieren und an anderer Stelle erneut zu bestatten, jedoch benötigte man dafür als Verwandter eine Exhumierungs- und Transportgenehmigung der staatlichen Gesundheitsbehörde.

Also wurde bei der Gesundheitsbehörde in Nord-Dakota ein Antrag auf eine Exhumierungs- und Transportgenehmigung gestellt. Aber der staatliche Gesundheitsbeamte intervenierte und gab an, dass die Gebeine Tatanka Iyotakes dem Staat Nord-Dakota gehört. Er behandelte Tatanka Iyotake, als wäre der ein Stück persönliches Eigentum. Auf Grund der Behauptung des staatlichen Gesundheitsbeamten verweigerte die Gesundheitsbehörde die Genehmigung. Daraufhin setzten sich die Enkelinnen und

der Onkel mit der Handelskammer in Mobridge in Verbindung und heckten dort einen Plan aus, sich im Schutze der Nacht auf den Friedhof zu schleichen, Tatanka Iyotake auszugraben und vom Militärfriedhof in Fort Yates wegzubringen. In der Nacht des 7. April 1953 wurde der Plan, Tatanka Iyotake zu verlegen, in die Tat umgesetzt. Es schneite ein wenig, als die Totengräber und Familienmitglieder gemeinsam mit den Mitgliedern der Handelskammer damit begannen, die sterblichen Überreste zu bergen.
Dan Heupel, ein Mitglied der Handelskammer in Mobridge, spendete der Handelskammer 4 Hektar Land auf der westlichen Seite des Missouri River, gegenüber von Mobridge, South Dakota. Er besaß dort 20 Hektar Land, und der Ort für die erneute Beerdigung wurde von dem Bildhauer Korczak Ziolkowski ausgesucht. Das Monument, das er geschaffen hat, gleicht allerdings weniger Tatanka Iyotke als Nancy Kicking Bear, einer seiner Enkelinnen.

Angelique berichtete ihren Kindern, dass sie die sterblichen Überreste ihres Großvaters gesehen hätte. Sie sagte, dass die Gesichtsknochen alle fehlten. Der Nasenrücken war verschwunden, ebenso die Augenhöhlen. Sie sagte außerdem, dass Reste vom Leinentuch zwischen den Gebeinen lagen.

Von der One Bull Familie wurden Geschichten verbreitet, wie man Tatanka Iyotakes Überreste geschändet hätte. Sie erzählten, man hätte seinen Körper mit Säure übergossen und ihn gehäutet, und seine Haut als Lampenschirmhaut verkauft, aber alle diese Geschichten sind erfunden.

Angelique Spotted Horse-LaPointe lehnte den Ort für die Wiederbestattung ab. Sie gab zu bedenken, dass die Leute in Standing Rock ihren Großvater nicht mochten und sich deshalb nicht angemessen um die neue Grabstätte kümmern würden. Sie bat die Handelskammer in Rapid City, South Dakota, um Hilfe, einen

Ort in den Black Hills zu finden, wo man ihren Großvater erneut bestatten könne. Sie versuchte, den Mitgliedern der Handelskammer etwas über den Geburtsort ihres Großvaters zu erklären, aber man entschloss sich, sie zu ignorieren. Ein Reporter berichtete, sie hätte ihm erzählt, der Geburtsort ihres Großvaters läge am Quellwasser des Elk Creek in den Black Hills. Der Fluss, auf den sie sich bezog, ist der Yellowstone River in Montana, den die Lakota Elk River nennen. Ein kleiner Fluss zweigt vom Yellowstone River ab, den man Four Horns Creek nannte. Dieser kleine Fluss wurde später Pumpkin Creek genannt. Dort ist der Ort, wo Tatanka Iyotake geboren wurde.

Der Reporter jedoch bezweifelte Angeliques Angaben, weil die Historiker der Wasicu die Geschichte aus dem Buch von Stanley Vestal glauben. Vestal schreibt, der Geburtsort sei Many Caches, ein Ort, der sich am Ufer des Grand River auf der Standing Rock Indianerreservation befand. Angelique war gegen den neuen Bestattungsort, doch die beiden anderen Enkelinnen überstimmten sie.
Dennoch fanden ihre Einwände irgendwo Gehör. Die Handelskammer in Mobridge und der Standing Rock Sioux Stamm verpflichteten sich schriftlich, sich um die Grabstätte zu kümmern und das Gebiet nicht zu kommerzialisieren. Aber beide brachen dieses Abkommen von Anfang an, und das geschieht nun schon seit 55 Jahren. Tatanka Iyotakes Grabstätte befindet sich nicht auf der Standing Rock Indianerreservation, sondern auf Pachtland. Der weiße Mann, Dan Heupel aus Mobridge, war Besitzer dieses Landes.

Die Grabstätte Tatanka Iyotakes ist seit 1953 total verwahrlost. Es war immer ein Ort, wo Jugendliche aus Standing Rock und Mobridge wilde Partys feierten. Über Jahre hinweg haben sie ihren mangelnden Respekt gezeigt, indem sie an das Monument von Tatanka Iyotake (mit den Gesichtszügen von Nancy Kicking Bear) urinierten und das Grab mit fortgeworfenen Bierdosen und Kondomen verschmutzten. Genau aus diesem Grund hatte

Angelique LaPointe nicht gewollt, dass man ihren Großvater dort bestattete.

Im Jahre 1957 besuchte Angelique die Grabstätte, zusammen mit ihrem Ehemann Claude und zweier ihrer Kinder, Marlene und Ernie. Als sie den Zustand der Grabstätte ihres Großvaters sah und den Urin roch, brach sie in Tränen aus, und sie bat ihre Kinder, die Gebeine ihres Großvaters zu verlegen, sobald dies möglich sei. Ihr Wunsch wurde zum festgesetzten Ziel der Nachfahren Tatanka Iyotakes. Die Urenkel haben Pläne für die Zukunft Tatanka Iyotakes.

Das Erbe bewahren

Angelique LaPointe lehrte ihre Kinder, stets das Andenken an ihren Urgroßvater zu respektieren. Sie riet ihnen aber auch, sich auf ihre eigenen Verdienste und Errungenschaften zu verlassen und nicht nur auf den Ruf oder den Namen Tatanka Iyotakes. Sie erzählte ihren Kindern, ihr Urgroßvater sei ein ganz besonderer Mensch gewesen, der sich stets um sein Volk gekümmert hätte. Er hätte für sie während des Sonnentanzes gelitten, für ihr Überleben gekämpft und alles gegeben, was er hatte, selbst dann noch, als er wusste, dass sie sich gegen ihn wenden und ihn töten würden. Sie sagte, es würde in Zukunft nicht noch einmal so einen Menschen wie Tatanka Iyotake geben, der so viel für sein Volk und seine Kultur tun würde wie er es getan hatte.

Sie sagte ihren Kindern, dass nur eine Person so beispiellos die vier Tugenden der Lakota, Großzügigkeit, Mitgefühl, Standhaftigkeit und Mut verkörpert hatte und den Namen Tatanka Iyotake verdiene, und sie legte Wert darauf, dass ihre Kinder den Namen ihres Großvaters weder für sich selbst benutzten, noch an ihre Kinder oder Enkel weitergaben. Der Name sollte stets mit Respekt behandelt werden. Die Kinder von Angelique Spotted Horse–LaPointe respektierten ihre Bitte und waren immer sehr ehrfürchtig bezüglich des Andenkens und der Persönlichkeit Tatanka Iyotakes.
Angeliques Kinder respektierten ihre Wünsche. Sie waren immer bescheiden und prahlten niemals vor anderen Leuten, dass sie die Urenkel von Tatanka Iyotake seien. Freunde und Nachbarn hatten keine Ahnung, dass diese stillen und zurückhaltenden Leute einen so prominenten Vorfahren hatten. Und das ging so weiter bis zum Jahre 1992.

Eine Tante aus der Linie von Gray Eagle nahm Ernie auf einem Treffen beiseite und sagte ihm, dass es nun an der Zeit für ihn sei, aus dem Schatten herauszutreten. Sie erzählte ihm, dass die Leute von der Standing Rock Sioux Indianerreservation den Namen und das Andenken Tatanka Iyotakes vermarkten und kommerzialisieren würden. Sie sagte ihm, die Zeit sei gekommen, dem Land und der Welt zu enthüllen, dass es direkte Nachfahren von Tatanka Iyotake gäbe, die die ganze Geschichte richtig stellen würden. Es gibt in der Lakota Nation noch immer Menschen, die die Worte der Ältesten und der Frauen respektieren, und so nahm Ernie sie sehr ernst. (*Abb. Nr. 18*)

Ernie und seine Schwester Ethel sowie ihre Tante Sarah Spotted Horse – Little Spotted Horse (die Enkelin Tatanka Iyotakes), hörten von einer Frau namens Betty Butts. Mrs. Butts hatte eine Bronzebüste von Tatanka Iyotake angefertigt und wollte sie der Hall of Fame indianischer Häuptlinge in Anadarko, Oklahoma stiften. Ernie, seine Schwester und seine Tante besuchten dieses Zeremoniell. Es war das erste Mal, dass die Leute überhaupt von Tatanka Iyotakes direkten Nachfahren erfuhren. Es war der Beginn einer langen Reise, die Angelegenheit richtig zu stellen und die wahre Geschichte über Tatanka Iyotake zu erzählen.

Ernies Schwester Marlene gab ihrem Bruder die Vollmacht, sie in allen Angelegenheiten, die Tatanka Iyotake betrafen, zu vertreten. Als Repräsentant seiner älteren Schwester opferte Ernie viel Zeit und Energie, um die Wahrheit ans Tageslicht zu bringen. Er fuhr zu anderen Völkern, redete mit ihnen, rauchte die Pfeife und arbeitete daran, alte Feindseligkeiten zu heilen. Zu irgendeinem Zeitpunkt in den späten 1990er Jahren wandte er sich mit seinen Bemühungen auch an den Standing Rock Sioux-Stamm.

Die genealogischen Studien seiner Frau Sonja beweisen, dass er und seine Schwestern die einzigen direkten Nachfahren von Tatanka Iyotake sind. Das bedeutet, dass es trotz der Behauptungen der One Bull Familie keine direkten Nachfahren in der Nähe von Tatanka Iyotakes Ruhestätte auf der Standing Rock Sioux Reservation gibt. Als Nachfahren von Seen by her Nation sind lediglich Ernie und seine Schwestern registrierte Stammesmitglieder auf der Pine Ridge Indianerreservation.

Ernie reiste nach Standing Rock und besuchte die Reservation und die Stammesbüros. In jedem Büro, das er aufsuchte, gab es ein Foto seines Urgroßvaters. Er hielt es für ein Zeichen von Respekt und reagierte sehr herzlich darauf. Er entschied sich, seine Registrierung als Stammesmitglied von Pine Ridge nach Standing Rock zu verlegen, damit Standing Rock einen legitimen Anspruch darauf hätte, die Heimat von Tatanka Iyotakes Familie zu sein. Im Jahre 1997 stellte Ernie in Standing Rock einen Antrag auf Stammesmitgliedschaft. Ein Freund der Familie, der auf der Cheyenne River Indianerreservation registriert war, versuchte ebenfalls zur gleichen Zeit seine Mitgliedschaft zu transferieren.

Kurze Zeit später wurden Ernie und sein Freund Bill ins Büro des Beamten für Stammesmitgliedschaftsfragen des Standing Rock Sioux-Stammes eingeladen. Ein Immatrikulationsbeauftragter hatte die Pflicht, alle Registrierungsanträge, die für die Reservation gestellt wurden, zu prüfen. Ernie, Sonja und Bill fuhren gemeinsam zu diesem Treffen.

Für Bill war die Sache sehr einfach, und sein Antrag wurde genehmigt. Um seine Einschreibung abzuschließen, musste er bloß ein schriftliches Gesuch einreichen, dass er seine Stammesmitgliedschaft von der Cheyenne River Indianerreservation zur Standing Rock Indianerreservation verlegen will.

Für Ernie war es dagegen nicht so einfach. Das Mitglied des Stammesrates wandte sich an ihn und fragte: „Und Sie, warum wollen Sie dem Standing Rock Sioux-Stamm beitreten?"

Ernie erklärte ihm, er wüsste, dass es gegenwärtig keine direkten Nachfahren Tatanka Iyotakes auf der Standing Rock Sioux

Indianerreservation gäbe. Er bot an, seine Mitgliedschaft zu ändern, damit er die Familie und die Reservation repräsentieren und ihnen helfen könnte, dass sie ihren Anspruch, die Heimat seines Urgroßvaters zu sein, legitimieren könnten. Das zog aber nicht die Reaktion nach sich, die er erwartet hatte. Das Stammesratsmitglied reagierte äußerst negativ und teilte ihm mit, dass Tatanka Iyotake niemals auf Standing Rock eingeschrieben gewesen sei und dort auch keine Verwandten hätte. Weiterhin behauptete das Stammesratsmitglied, dass „Sitting Bull nichts weiter war als ein lausiger Medizinmann, ein Feigling und Unruhestifter gewesen sei."

Ernie war vollkommen schockiert, antworte aber immer noch freundlich. Er wies darauf hin, dass der Stamm offensichtlich keine Probleme damit hatte, sich Bilder des „lausigen Medizinmannes" in jedes Büro zu hängen und sich jedes Mal auf ihn zu berufen, wenn es zu ihrem kommerziellen Vorteil war. Die Antwort des Stammesratsmitglied war, Ernies Antrag abzulehnen und Ernie aufzufordern, das Stammesbüro zu verlassen. Er drohte damit, die Polizei zu rufen und Ernie erschießen zu lassen. In diesem Augenblick mischte sich Bill ein und erklärte: „Also werden wir jetzt den Mord von 1890 noch einmal erleben? Sie wollen, dass die Stammespolizei ihn erschießt?"

Nach diesem Vorfall kam Ernie zu der Überzeugung, dass es zu diesem Zeitpunkt keine Möglichkeit gab, den Groll zu heilen. Er hat mehrfach wiederholt, dass er immer dazu bereit ist, die Feindseligkeiten zu beenden, aber dazu sei eine Entschuldigung erforderlich von denen, die seinem Großvater Unrecht angetan hatten. Wenn ein Lakota das Leben eines anderen Lakota auslöscht, wird er aus dem Stamm verbannt. Hat die Person den Elementen und den vierfüßigen Kreaturen standgehalten und überlebt, kann er zum Stamm zurückkehren. Er kehrt mit Geschenken für die Familie desjenigen zurück, den er getötet hat. Er bringt auch eine mit Wasser gefüllte Büffelblase mit, die die Menge an

Tränen symbolisiert, die vergossen wurden. Dann nimmt er den Platz der Person ein, die er getötet hat, aber er ist trotzdem noch verpflichtet, ebenfalls für seine eigene Familie zu sorgen. Somit hat er nun die Verantwortung für zwei Familien. Den Rest seines Lebens wird er so für diese Tat büßen. Abgesehen davon, dass die wenigsten Leute eine Verbannung überlebten.

In den Jahren, als die Lakota anfingen, ihre Rolle als moderne Sioux-Indianer zu akzeptieren, wie im Fall der Verräter Tatanka Iyotakes, wurden sie nicht mehr verbannt. Was sie aber taten, war, einen Fluch auf ihre Nachkommen zu ziehen. Dieser Fluch wirkt vier Generationen lang. Ihre Nachfahren dürfen die heiligen Zeremonien nicht durchführen und auch keine Cannunpa besitzen, die Wakan ist. Es wäre eigentlich so einfach, um Vergebung zu bitten für das, was ihre Vorfahren getan haben, aber offensichtlich ist es für die Nachkommen sehr schwer, ausgerechnet das zu tun. Entweder wissen diese Leute nichts von dem Fluch, oder sie schämen sich ihrer Vorfahren.

Die Geister sagen, dass diese Leute, denen „Blut an den Händen klebt", niemals die heiligen Zeremonien durchführen können, ehe sie nicht innerhalb der vierten Generation um Vergebung gebeten haben. Das ist einer der Gründe, warum die Religion der Lakota aufhören wird zu existieren. Es wird gesagt: „Bevor der Heilungsprozess beginnt, wird man zuerst den Schmerz fühlen."

Anhang 1

Ein Brief von E.D. Mossman, dem Superintendanten der Standing Rock Indian School, an den Beauftragten (veralt. Kommissar) für Indianische Angelegenheiten in Washington D.C.

5—1142

DEPARTMENT OF THE INTERIOR Supt.

UNITED STATES INDIAN FIELD SERVICE
Standing Rock Indian School,
Fort Yates, North Dakota.

OFFICE OF INDIAN AFFAIRS RECEIVED SEP 8 - 1922 72273

Commissioner of Indian Affairs,
Washington, D. C.

AUG 25 1922

My dear Mr. Commissioner:

I have the honor to reply to the Commissioner's letter of August 10th 1922, which referred to the removal of Sitting Bull's body from its place of burial in the old Military cemetery at Fort Yates to some point on the Grand River. With the Commissioner's letter was a letter from Doane Robinson, Superintendent of the State Historical Society of South Dakota.

I am very glad that you referred this matter to me before acting upon it finally, because I feel that it would be a very serious mistake to remove the remains of Sitting Bull from its present resting place.

Much has been said concerning Sitting Bull, and so much publicity given to his name and exploits that there is a feeling among the relatives of the policemen, who died in that unfortunate affair, that too much as already been done in the way of making Sitting Bull a historical character.

I am not alone in considering him an obstructionist and a demigogue There is nothing to show that he ever did a single thing constructive for the Indians, but there is much to show that he kept his ear to the ground, accommodating his actions and opinions to any movement, which was against the Government.

His speech when he surrendered to the Government, instead of being the speech of a vanquished warrior, or a person who had seen the error of his ways, but was simply an insulting out burst from a baffled savage.

I write the above paragraphs as my personal opinion and the opinion of practically all thoes who know the conditions under which this occurrence took place, and who have been conversant with conditions on this reservation since that time.

Should his remains be taken to the Grand River, such an arrangement would arouse old animosities in a degree that I feel sure would surprise you. As a matter of fact these animosities are not even slumbering now, but are active. One Elk who owns the land adjoining the battle ground, periodically makes complaint to the farmer at Bullhead, that a monument is to be raised on this battle groung to Sitting Bull and his friends. This always creates considerable stir among the Indians and quite often is a subject for a delegation to wait quietly upon me. I have assured them that no action will ever be taken in this matter, if I can prevent it.

There is now at Little Eagle the base of a monument with a sub-base, on which is carved in the Sioux Language these words, "In memory of Sitting Bull and his friends", the shaft to this monument is hidden and no one appears to know where it is. Should this monument be placed on the battle field where it was to be placed, there would be serious trouble. Most of the followers of Sitting Bull are reactionaries, and in talking to Antoine DeRockbraine, who is Farmer at Little Eagle, he told me that if this proposed action were taken the progressive and loyal Indians would consider it a direct slap at them and their progressive ideas and a direct approval of the reactionaries.

I am surprised at the statement in Mr. Robinson's letter to you, when he says that this request is by the relatives of Sitting Bull.

For your information, I will say that Sitting Bull has practically no relatives on this reservation. His nearest of kin now living here are One Bull a nephew and the wife of Grey Eagle. One Bull while his nephew was one of the men who went as police to arrest Sitting Bull at the time of his death. Grey Eagle is a brother in law of Sitting Bull, and while he was not a policeman at the time he was present for the purpose of assisting to arrest Sitting Bull.

After the death of Sitting Bull, his immediate family practically all went to Pine Ridge where his wife number two and daughters and grand children are now living.

In view of the above facts, I hope you will see that this is simply a move by the reactionary element to further their reactionary activities by making a lot of publicity concerning this old Indian, whose only good quality was steadfastness.

His steadfastness apparently never served any good purpose, but was always exerted on the side of the reactionaries. He was killed while resisting the authority of the Government. The authorized removal of his remains by his friends would be the subject of a great public spectacle. I recommend that his dust remain where it is and where it should be, in a lonely grave in plain view of the Government school, the Agency buildings and the churches, all of which he fought, until time shall be no more and the trumpet of Gabriel shall sound and call us all before the judgement throne, where Sitting Bull along with the rest of us shall receive his just dues.

Very respectfully,

E.D. Mossman

(E. D. Mossman)
Supt.

EDM:SC
8-18-22

An den
Kommissar für Indianische Angelegenheiten
Washington D.C.

Sehr geehrter Herr Kommissar,

Ich habe die Ehre, den Brief des Kommissars vom 10. August 1922 zu beantworten, der sich auf die Verlegung von Sitting Bulls Körper von seiner derzeitigen Begräbnisstätte auf dem alten Militärfriedhof in Fort Yates zu einem Ort am Grand River bezieht. Gemeinsam mit dem Schreiben des Kommissars erhielten wir einen Brief von Doane Robinson, dem Superintendanten der historischen Gesellschaft des Staates South Dakota.

Ich bin sehr froh, dass Sie sich in dieser Angelegenheit an mich gewandt haben, bevor Sie sich endgültig entschieden haben zu handeln. Ich glaube, dass es ein schwerwiegender Fehler wäre, Sitting Bulls sterbliche Überreste von seiner jetzigen Ruhestätte zu entfernen.

Es wurde vieles über Sitting Bull erzählt und seinem Namen und seinen Abenteuern wurde soviel Publicity gegeben, dass unter den Angehörigen der bei dem unglücklichen Vorfall getöteten Indianerpolizisten das Gefühl aufkommt, es sei bereits zu viel getan worden, um Sitting Bull zu einer historischen Persönlichkeit zu machen.

Ich stehe nicht allein mit der Ansicht, dass er ein Quertreiber und Demagoge war. Es gibt nichts Nachweisbares, dass er jemals etwas Konstruktives für die Indianer getan hätte, aber es gibt vieles, was uns zeigt, dass er ständig sein Ohr am Boden hatte, und entsprechend waren seine Handlungen und Meinungsäußerungen für jede Strömung, die gegen die Regierung gerichtet war.

Seine Kapitulationsansprache vor den Regierungsbeamten war nicht die Rede eines besiegten Kriegers oder einer Person, die ihre falschen Handlungen eingesehen hat, sondern einfach nur ein beleidigender Gefühlsausbruch eines verwirrten Wilden.

Die oben geschriebenen Absätze sind meine persönliche Meinung und geben auch die Meinung all jener wieder, die wissen, unter welchen Bedingungen dieses Ereignis stattgefunden hat, und die mit den Umständen auf der Reservation seit diesem Zeitpunkt vertraut sind.

Sollten die sterblichen Überreste zum Grand River gebracht werden, so würde das die alten Feindseligkeiten wiederaufleben lassen, deren Intensität Sie sicherlich überraschen würde.

Tatsächlich sind diese Feindseligkeiten nicht nur unterschwellig, sondern offen vorhanden. One Elk, der das Land besitzt, das an das Schlachtfeld grenzt, beschwert sich gelegentlich beim Farmer in Bullhead, dass ein Gedenkstein für Sitting Bull und seine Freunde an diesem Schlachtfeld errichtet werden soll. Das stiftet immer beträchtliche Unruhe unter den Indianern und ist oft der Anlass dafür, unverzüglich eine Delegation zu mir zu schicken. Ich habe ihnen versichert, dass, so lange ich es verhindern kann, keine Aktivitäten in dieser Richtung unternommen werden.

Derzeitig gibt es in Little Eagle den Grundstein eines Monuments, der aus einer Grundplatte besteht, in die in der Siouxsprache folgende Worte eingraviert sind: „Zur Erinnerung an Sitting Bull und seine Freunde." Der Schacht zu dem Monument liegt versteckt, und niemand kommt, um herauszufinden, wo er sich befindet. Sollte dieser Gedenkstein auf dem Schlachtfeld aufgestellt werden, wie es geplant war, wird es große Schwierigkeiten geben. Die meisten Anhänger Sitting Bulls sind Reaktionäre. Ich sprach mit Antoine DeRockbraine, einem Farmer in Little Eagle, und er sagte mir, dass, wenn dieses Vorhaben ausgeführt werde, die progressiven und loyalen Indianer dies wie einen Schlag ins Gesicht empfinden würden. Es würde gegen ihre fortschrittlichen Ideen gerichtet sein und reaktionäre Gedanken stärken.

Ich bin überrascht über die Aussage in Mr. Robinsons Brief an Sie, wenn er schreibt, dass diese Bitte von den Verwandten Sitting Bulls kommt.

Zu Ihrer Information teile ich Ihnen mit, dass Sitting Bull keine Verwandten in dieser Reservation hat. Die nächsten noch lebenden Angehörigen sind One Bull, ein Neffe, und die Ehefrau von Gray Eagle. Obwohl One Bull der Neffe war, war er einer der Männer, die als Polizisten zu Sitting Bull kamen, um ihn zum Zeitpunkt seines Todes zu verhaften. Gray Eagle ist ein Schwager von Sitting Bull, und obwohl er zu diesem Zeitpunkt kein Polizist war, war er dabei, um bei der Verhaftung Sitting Bulls zu helfen.

Nach dem Tod von Sitting Bull ging seine unmittelbare Familie nach Pine Ridge, wo seine zweite Frau, seine Töchter und seine Enkel leben.

Unter Berücksichtigung der oben genannten Fakten werden Sie, wie ich hoffe, zu dem Schluss kommen, das diese rückschrittlichen Maßnahmen der Reaktionäre nur dazu dienen, diesem alten Indianer, dessen einzige gute Charaktereigenschaft seine Standfestigkeit war, möglichst viel öffentliche Aufmerksamkeit zu verschaffen.
Seine Standfestigkeit diente aber offensichtlich keinem guten Zweck und würde jetzt nur für die reaktionäre Seite eingesetzt. Er wurde getötet, weil er sich der Autorität der Regierung widersetzte. Eine Genehmigung der Verlegung seiner sterblichen Überreste durch seine Freunde würde zum Gegenstand eines großen öffentlichen Spektakels werden. Ich empfehle daher, dass seine Asche bleibt, wo sie ist und wo sie sein sollte, in einem einsamen Grab mit Blick auf die Regierungsschule, die Agentur-

gebäude und die Kirchen, nämlich all das, wogegen er gekämpft hat. Und er soll dort bleiben, bis das Ende aller Zeit gekommen ist und endlich Gabriels Trompete ertönt und uns alle zum Richterstuhl ruft und wo Sitting Bull, so wie der Rest von uns, den Lohn für seine Taten empfangen wird.

Hochachtungsvoll

(E.D. Mossman)
Supt.

Anhang 2

Eine partielle Abschrift des Repatriierungsdokumentes bezüglich der Haarlocke und der Leggings aus dem Besitz Sitting Bulls. Um das Gesamtdokument zu lesen, besuchen Sie bitte die folgende Webseite:

http://anthropology.si.edu/repatriation/projects/index.htm

Beurteilung einer Haarlocke und Leggings, zugeschrieben Sitting Bull, einem Hunkpapa-Sioux, im National Museum of History, Smithsonian Institute

Willian T. Billeck und Betsy Bruemmer

2007

Repatriation Office
Department of Anthropology
National Museum of Natural History
Smithsonian Institute

Inhaltsverzeichnis

des Repatriierungsdokumentes

Tabellen

Ausführliche Zusammenfassung

In Übereinstimmung mit dem Erlass des National Museum of the American Indian (NMAI) von 1989, 20 USC § 80q (P.L. 101 bis 185), geändert im Jahre 1996 (P.L. 104 bis 278), legt dieser Bericht die Bewertung einer Haarlocke und (ein Paar) Leggins in der Sammlung des National Museum of Natural History, Smithsonian Institute (Tabelle 1) vor, die Sitting Bull, einem Hunkpapa Sioux zugeschrieben werden. Die Haarlocke wurde im Jahre 1896 als Leihgabe von Dr. Horace Deeble erworben. Beweismittel aus dem Archiv deuten darauf hin, dass die Gegenstände im Jahre 1890 dem Leichnam Sitting Bulls entnommen wurden, und zwar von Dr. Deeble, einem Militärarzt in Fort Yates. Im Jahre 1999 teilte das National Museum of Natural History alle bundesstaatlich anerkannten Sioux Stämmen mit, dass sich eine Haarlocke und die Leggins von Sitting Bull als Leihgabe im National Museum of Natural History befänden und sie sich gern mit den Stämmen über die Gegenstände beraten würden.

Im Jahr 2001 stellte Don Tenoso einen Antrag auf die Rückführung der Haarlocke und der Leggins. Don Tenoso ist ein direkter Nachkomme von One Bull, der sich sowohl als Neffe, als auch als Adoptivsohn von Sitting Bull bezeichnet. Im Jahr 2002 wurden alle Sioux Stämme über den Rückführungsantrag von Don Tenoso informiert und um Unterstützung bei der Suche nach weiteren Nachkommen von Sitting Bull gebeten.

Gleichzeitig wurden drei Personen, die als Nachkommen identifiziert worden waren, ebenfalls von der Rückführungsanfrage in Kenntnis gesetzt. Im Jahre 2002 reichte Ernie LaPointe einen Antrag auf Rückführung ein, zusammen mit einer Dokumentation, dass es vier noch lebende Urenkel von Sitting Bull gäbe, und zwar Ernie LaPointe, Marlene Little Spotted Horse-Andersen, Ethel Little Spotted Horse-Bates, und Lydia Lorenz Little Spotted Horse-Red Paint. Marlene Little Spotted Horse-Andersen reichte eine amtliche Vollmacht ein, die Ernie LaPointe gestattete, sie in Fragen betreffs Sitting Bull zu vertreten. Ernie LaPointe gab an, dass gemäß der mündlichen Überlieferung der Familie One Bull zwar der Neffe von Sitting Bull sei, er aber nicht von ihm adoptiert worden sei, deshalb könne er keinen gemeinsamen Rückführungsantrag mit den Nachkommen One Bulls stellen. Im Jahre 2006 zog Don Tenoso seinen Rückführungsantrag betreffend der Gegenstände Sitting Bulls zurück, denn er wollte nicht, dass sich die Familien wegen dieser Angelegenheit entzweiten.

Tabelle 1. Haarlocke und ein Paar Leggins von Sitting Bull, erhalten von Dr. Deeble im Jahre 1890

Catalog Number	Description
EL 00226	Lock of Hair
EL 00227	Leggings

Direkte Nachkommen genießen den höchsten Stellenwert bezüglich der Entscheidungen der NAGPRA und nach den Leitlinien und Verfahren für die Rückführung des National Museum of Natural History (2006) betreffend des Erlasses des NMAI. Werden direkte Nachkommen gefunden, hat die nächste lebende Generation von Nachkommen die oberste Priorität, über den Verbleib der Gegenstände zu bestimmen.

Die Haarlocke und die Leggins von Sitting Bull wurden dem Museum im Jahre 1896 als Leihgabe zur Verfügung gestellt.

Die Berechtigung Dr. Deebles als Militärarzt des US-Armee zum Erwerb der Haarlocke und der Leggings wird in diesem Bericht ausgewertet, um festzustellen, ob das National Museum of Natural History die Haarlocke und die Leggins als einen Teil der Sammlungen des Museums betrachten kann. Gemäß den Vorschriften der US-Armee zum damaligen Zeitpunkt, als Dr. Deeble als Militärarzt eingesetzt war, hatte er nicht die rechtliche Befugnis, persönliche Gegenstände von Sitting Bulls Körper (Leichnam) zu entnehmen. In einem Brief aus dem Jahre 2003 erklärte Oberstlieutnant John Patrick vom Büro des Wehrdiziplinaranwalts, dass das Department of the Army kein rechtliches Interesse an Sitting Bulls Haarlocke und seinen Leggins hätte. Auf Grund dessen, dass Dr. Deeble keine rechtliche Befugnis hatte, diese Gegenstände an sich zu nehmen und das Department of the Army kein rechtliches Interesse daran hat, verfügt das National Museum of National History über ausreichende Besitzrechte und Kontrolle über die Haarlocke und die Leggins, um einem Rückführungsantrag in Erwägung zu ziehen. Die Haarlocke fällt unter die Kategorie „menschliche Überreste" des NMAI-Erlasses und es wird empfohlen, sie den direkten Nachfahren Sitting Bulls zur Rückführung anzubieten. Die Leggings fallen in keinen Bereich der vier Kategorien, die für eine Rückführung in Frage kommen, als da wären menschliche Überreste, Grabbeigaben, sakrale Gegenstände und Objekte des kulturellen Erbes. Trotzdem hatte Dr. Deeble, der Besitzer der Leggins, nicht die rechtliche Befugnis, das persönliche Eigentum Sitting Bulls an sich zu nehmen. Sie wurden damals ohne Zustimmung Sitting Bulls (z.B. durch ein Testament) oder seiner Familie erworben. Gemäß den lange geltenden Regeln des Smithsonian Institutes können Gegenstände an einen rechtmäßigen Antragsteller zurückgegeben werden, wenn die Gegenstände unter zweifelhaften Umständen erworben wurden. Es wird empfohlen, die Leggins den direkten Nachfahren Sitting Bulls zur Rückgabe anzubieten.

Es wird empfohlen, die Haarlocke und die Leggins den engsten noch lebenden, direkten Nachfahren zur Rückgabe anzubieten, die um Herausgabe dieser Dinge gebeten haben: Sitting Bulls Urenkel Ernie LaPointe und Marlene Little Spotted Horse-Andersen, Ethel Little Spotted Horse-Bates und Lorene Lydia Little Spotted Horse-Red Paint. Urenkel von Sitting Bull, die keinen Rückführungsantrag gestellt haben, werden von dieser Entscheidung unterrichtet. Damit das Museum die Rückgabe veranlassen kann, müssen alle berechtigten engen Angehörigen, die einen Antrag auf Rückführung der Haarlocke und der Leggings gestellt haben mit der Anordnung bezüglich der Gegenstände einverstanden sein. Don Tenoso sowie die anderen Sioux-Stämme werden über die Empfehlung informiert werden und eine Kopie dieses Berichts erhalten. Personen, die gleichwertige oder höhere

Ansprüche haben, die auf direkte Nachkommenschaft basieren, wie bei den Urenkeln von Sitting Bull, sollten mit William Billeck vom Rückführungsbüro Kontakt aufnehmen und ihre Verwandtschaft mit Sitting Bull nachweisen, wenn sie in den Entscheidungsprozess miteinbezogen werden wollen. Jeder neue Nachweis, der beweist, dass eine verwandte Person einen höheren Anspruch als die Urenkel besitzt, wird vom Museum berücksichtigt werden, und der Beweis kann die Entscheidungen dieses Berichtes verändern. Dreißig Tage vor der Rückgabe der Haarlocke und der Leggings werden Ankündigungen in der örtlichen Presse erscheinen, um die Nachfahren und die Sioux-Völker darüber zu informieren.

I. Einführung

Dieser Bericht behandelt das Auffinden und die weiteren Empfehlungen über ein Rückführungsgesuch der Nachkommen Sitting Bulls für eine Haarlocke und Leggings aus Stoff, die dem Körper Sitting Bulls kurz nach dessen Tod entnommen wurden. Dieses Gesuch wird derzeit unter den Rückführungsmaßnahmen der NMAI Akte von 1989, 20 U.S.C. § 80q (P.L. 101-185), berichtigt 1996, und unter Berücksichtigung der Museumsrichtlinien des Smithsonian Institutes bearbeitet. Die NMAI Maßnahme erfordert, dass das Smithsonian Institute die Stammesherkunft aller menschlichen Überreste von Native Americans, die sich im Moment in seinem Besitz befinden, auflistet und identifiziert. Kulturell identifizierbare menschliche Überreste müssen auf Wunsch hin schnellstmöglich an die kulturell und bundesstaatlich anerkannten Stämme oder linearen Abkömmlinge zurückgeführt werden. In Übereinstimmung mit diesem Gesetz hat das Büro für Rückführungsangelegenheiten diesen Bericht vorbereitet, um die Rückführung der Haarlocke zu evaluieren und zu dokumentieren.

Die Leggings, wie im folgenden Bericht beschrieben, erfüllen nicht die Kategorie der Rückführungsobjekte, wie Begräbnisgegenstände, heilige Gegenstände oder Gegenstände des kulturellen Erbes und unterliegen somit den Museumsrichtlinien des Smithsonian Institutes

Die Erkenntnisse dieses Berichtes basieren auf dem Katalog des Hauptcomputers des National Museums of Natural History, und auf der Korrespondenz, die dem Museum von den ursprünglichen Sammlern geschickt wurde, wie die Kassenbücher mit Zeichnungen der Abteilung für Anthropologie (Ledger books), Katalogsunterlagen, Neuerwerbsverzeichnisse, Berichte, historische Dokumente, Publikationen, militärische Berichte und Informationen, die von den Nachfahren Sitting Bulls erbracht wurden. Der Bericht ist in fünf Abschnitte unterteilt. Nach der Einführung zeigt Abschnitt II einen Überblick über die Geschichte des Rückführungsantrags. Abschnitt III zeigt, wie die Haarlocke und die Leggings erworben und an das Smithsonian Institute geliehen wurden. Außerdem werden die Gegenstände beschrieben. Abschnitt IV schätzt den Status der Haarlocke und der Leggings als Leihgabe ein, evaluiert die Kategorien der Rückführung für die Haarlocke und die Leggings, prüft die Beweislage, die zum Auffinden der Nachkommenschaft von Sitting Bull zusammengestellt wurde und identifiziert die nächsten lebenden Verwandten von Sitting Bull, die dem Museum bekannt sind. Der letzte Teil, Abschnitt V, fasst die Erkenntnisse dieses Berichtes zusammen und liefert weitere Empfehlungen.

Bestimmungen für ein Gesuch der direkten Nachkommenschaft

Gemäß dem NMAI Erlass und dem NAGPRA sind direkte Nachfahren bundesstaatlich anerkannter Stämme und Organisationen eingeborener Hawaiianer dazu berechtigt, Rückführungsanträge bezüglich menschlicher Überreste und bestimmter Objekte zu stellen. Direkte Nachkommen genießen die höchste Priorität betreffend den Entscheidungen über die Rückführung menschlicher Überreste und bestimmten Objekte, die der NAGPRA oder den Richtlinien und Rückführungsverfahren des National Museum of Natural History des Jahres 2006 unterliegen.

Sobald direkte Nachfahren ausfindig gemacht werden können, genießen ihre Entscheidungen Priorität gegenüber den Entscheidungen von entfernten Verwandten. Wenn keine direkten Nachkommen gefunden werden, liegt die Zuständigkeit, solche Entscheidungen zu treffen, bei den anerkannten Stämmen oder Organisationen der Hawaiianer.
Konnten direkte Nachkommen ausfindig gemacht und Objekte gefunden werden, die unter eine der Rückführungskategorien fallen, genießt die nächste Generation von Nachfahren, die einen Antrag eingereicht hat, höchste Priorität. Alle Personen innerhalb dieser Generation von Nachfahren sind gleichberechtigt. Alle Enkel z.B., die einen solchen Antrag gestellt haben, sind gleich zu behandeln, aber ihre Anträge sind denen von Urenkeln vorzuziehen. In diesem Fall wären nur die Anträge der Enkel zu berücksichtigen und die der Urenkel würden keine Rolle im Prozess der Entscheidungsfindung spielen, es sei denn, die Entscheidungsberechtigten wünschen, das die Urenkel in den Entscheidungsprozess einbezogen werden.
Damit die Rückführung stattfinden kann, müssen sich alle gleichberechtigten Personen, die einen Antrag eingereicht haben, einig sein über den Verbleib der Überreste und / oder der Gegenstände. Gleichberechtigte Nachfahren, die keinen Antrag gestellt haben,

werden vorher vom Museum über die beabsichtigte Rückführung informiert und erhalten die Gelegenheit, einen entsprechenden Antrag einzureichen.

II. Geschichte der Rückführungsanträge

Im August 1999 schrieb Chuck Smythe vom National Museum of Natural History Repatriation Office an die Repräsentanten des Standing Rock Siouxstammes, um sie darüber zu informieren, dass das Museum im Besitz einer Haarlocke sei, die Sitting Bull zugeschrieben wurde.
Folgende Stämme wurden informiert: Standing Rock Sioux Tribe, Oglala Sioux Tribe, Rosebud Sioux Tribe, Lower Brule Sioux, Crow Creek Sioux, Cheyenne River Sioux Tribe, Yankton Sioux Tribe, Flandreau Santee Sioux Tribe, Ft. Peck Sioux Tribe, Upper Sioux Indian Community, Skakopee Mdewakanton Sioux Community, Prairie Island Indian Community, Lower Sioux Indian Community, Santee Sioux Tribe, Spirit Lake Nation und der Sisseton Wahpeton Sioux Tribe.

Smythe erklärte, dass die Gegenstände nicht in den 1996 verschickten zusammengestellten ethnographischen Berichten enthalten waren, weil sie eine Leihgabe an das Museum waren. Da die Gegenstände offenbar ohne Erlaubnis von der Familie Sitting Bulls erworben wurden, wünschte das Repatriation Office, sich in der Frage mit den Siouxstämmen zu beraten. Chuck Smythe verließ das Repatriation Office im Jahre 2000 und William Billeck übernahm die Aufgabe, Anfragen über die Gegenstände Sitting Bulls zu beantworten.

Die einzige Antwort auf die Bekanntmachung kam am 24. Februar 2001. Don Tenoso stellte einen Antrag auf Rückführung der Haarlocke Sitting Bulls und seiner Leggings. Er gab Henry Oscar One Bull als Sohn von Sitting Bulls Schwester und durch die Hunka-Zeremonie als Adoptivsohn Sitting Bulls an. Bei einem Treffen mit William Billeck am 26. Februar 2001 identifizierte sich Don Tenoso als Urenkel von Henry Oscar One Bull und durch die Adoptionszeremonie als Ururenkel von Sitting Bull. One Bull war aber Sitting Bulls Nef-

fe (Sohn seiner Schwester) und war kein biologisch direkter Nachfahre.
Don Tenoso schrieb in einem Brief an William Billeck vom 24. Februar 2001:

„... One Bull ist der ‚Sohn' Sitting Bulls. Die Bezeichnung ‚Sohn' wird benutzt, um die Beziehung zwischen One Bull und Sitting Bull zu definieren. Sitting Bull ‚adoptierte` (ein modernes amerikanisches Wort) One Bull in sehr jungen Jahren von seiner Schwester durch die Hunka-Zeremonie (Lakota Wort, welches Verwandtschaftmachen bedeutet)".

Am 24. April 2001 informierte William Billeck Don Tenoso, dass das Museum eine Liste von nahen Angehörigen Sitting Bulls zusammenstellen würde, die über den Antrag informiert werden sollten. Don Tenoso wurde gebeten, die Namen sämtlicher Angehöriger anzugeben, von denen er wollte, dass sie über den Antrag informiert werden sollten. Das Museum würde auch alle Siouxstämme darüber informieren, dass ein Rückführungsantrag gestellt wurde.
Ron Little Owl, ein ehemaliges Mitglied des Smithsonian's Native American Repatriation Review Committee und Mitglied der Three Affiliated Tribes von Norddakota, teilte am 29. November 2001 William Billeck mit, dass Ernie LaPointe, Ethel Little Spotted Horse-Bates und Marlene Little Spotted Horse-Anderson direkte Nachkommen von Sitting Bull seien.

Am 22. Februar 2002 wurden alle bundesstaatlich anerkannten Siouxstämme und drei Einzelpersonen, die als enge direkte Nachfahren Sitting Bulls angegeben wurden, darüber informiert, dass ein Antrag auf Rückführung der Gegenstände Sitting Bulls gestellt wurde.

Die folgenden Stämme wurden informiert:
Standing Rock Sioux Tribe, Oglala Sioux Tribe, Rosebud Sioux

Tribe, Lower Brule Sioux, Crow Creek Sioux, Cheyenne River Sioux Tribe, Yankton Sioux Tribe, Flandreau Santee Sioux Tribe, Ft. Peck Sioux Tribe, Upper Sioux Indian Community, Skakopee Mdewakanton Sioux Community, Prairie Island Indian Community, Lower Sioux Indian Community, Santee Sioux Tribe, Spirit Lake Nation und der Sisseton Wahpeton Sioux Tribe. Die Bekanntmachung enthielt auch die Bitte um Unterstützung, weitere direkte Nachfahren Sitting Bulls ausfindig zu machen.

Am 27. Februar 2002 schickte Ernie LaPointe eine E-Mail an William Billeck und bekundete Interesse an den Gegenständen Sitting Bulls. Bei einem Telefongespräch vom 28. Februar 2002 wiederholte Ernie LaPointe sein Interesse an der Rückführung der Gegenstände Sitting Bulls und bat darum, diese nicht an die Nachfahren One Bulls zu geben.
Am 4. März 2002 schickte Ernie LaPointe einen Brief mit einer Verwandtschaftstabelle, die aufzeigte, dass Ernie LaPointe und seine drei Schwestern Ethel Little Spotted Horse-Bates, Marlene Little Spotted Horse-Andersen und Lorene Lydia Little Spotted Horse-Red Paint die engsten noch lebenden, direkten Nachkommen von Sitting Bull sind. Die E-Mail, das Telefongespräch und der Brief wurden vom Repatriation Office als Rückführungsantrag interpretiert.
Der Brief vom 4. März 2002 bestätigte ohnehin, dass One Bull ein Neffe Sitting Bulls, aber nicht der Adoptivsohn war.
Am 22. Juli 2003 reiste William Billeck nach Leads, South Dakota, um sich mit Ernie LaPointe, Ethel Little Spotted Horse-Bates und anderen zu treffen, um die Beweise bezüglich der Rückführungsangelegenheit zu erörtern.

Bei diesem Treffen gab Ernie LaPointe an, dass er die Gegenstände Sitting Bulls beanspruchte, und dass diese nicht an die Nachfahren One Bulls zurückgeführt werden sollten. Gemäß der Familiengeschichte, wie sie Ernie LaPointe beschrieb, wäre One Bull zwar der Neffe Sitting Bulls gewesen, sei aber nicht von ihm adoptiert worden. Ernie LaPointe gab an, dass die Hunka eine Verwandtschaftszeremonie sei, aber dass diese Zeremonie nicht für Personen bestimmt sei, die bereits verwandt sind. Ernie LaPointe bezeichnete One Bull abermals als Neffen Sitting Bulls, wies aber darauf hin, dass er nicht durch eine Hunkazeremonie hätte adoptiert werden können, weil er bereits verwandt war. Ernie LaPointe gab an, dass er nicht gewillt sei, eine gemeinsame Rückführung mit den Nachfahren One Bulls in Betracht zu ziehen, weil One Bull nicht der Adoptivsohn Sitting Bulls gewesen sei.

Am 27. September 2005 besuchten Ernie LaPointe, Joseph Tiona und Sonja LaPointe das Museum, um die Gegenstände Sitting Bulls zu betrachten.
Am 12. Dezember 2005 traf sich Don Tenoso mit William Billeck, um die Rückführungsangelegenheit zu besprechen. Am Ende des Treffens sagte Don Tenoso, er wolle Ernie LaPointe anrufen. Am nächsten Tag rief Ernie LaPointe William Billeck an und teilte ihm mit, dass Don Tenoso seinen Rückführungsantrag zurückziehen wolle. Am 14. Dezember 2005 bestätigte Don Tenoso in einem Telefonat mit William Billeck, dass er seinen Antrag zurückziehen wolle. Er erklärte, er würde am 15. Dezember 2005 eine schriftliche Rücknahme des Antrags einreichen, weil er durch zwei verschiedene Anträge nicht die Familien entzweien wolle. In zwei Telefonaten vom 13. Januar 2006 und vom 9. Februar 2006 wiederholte Don Tenoso diese Absicht, seinen Antrag zurückzuziehen.
Am 15. März 2006 schrieb William Billeck an Don Tenoso, und teilte ihm mit, dass sein Antrag auf Grund des Telefonats vom 14. Dezember 2005 zurückgewiesen würde, es sei denn, er würde sich bis zum 15. April 2006 anders entscheiden.
Am 10. April 2006 hinterließ Don Tenoso eine telefonische Nachricht für William Billeck und bat um eine Verlängerung des Termins bis Ende April, um einen Brief für den Rückzug des Antrags zu formulieren. William Billeck rief Don Tenoso am 12. April 2006

an und hinterließ eine Nachricht, dass er einverstanden sei, den Termin bis zum 30. April 2006 zu verlängern. Während eines Telefonats am 20. April 2007 bat Don Tenoso um eine Kopie des Berichts, wie die Gegenstände Sitting Bulls erworben wurden, damit er einen Brief verfassen könne, um den Antrag zurückzuziehen. Er sagte, er würde zu einem Treffen nach Standing Rock gehen, bei dem es um die vorgeschlagene Verlegung von Sitting Bulls Grab von Mobridge in South Dakota zum Little Big Horn National Monument ging. Am 23. April 2007 wurden die Kopien der Berichte an Don Tenoso geschickt.
Bis Juni 2007 hatte Don Tenoso weder eine schriftliche Rücktrittserklärung geschickt, noch einen Erneuerungsantrag gestellt, aber auf Grund des Telefonats vom 15. Dezember 2005 und seines Versäumnisses den Antrag auf Rückführung bis zum 30. April 2006 erneut zu bestätigen, wurde sein Antrag auf Rückführung der Sitting Bull Gegenstände als zurückgezogen angesehen.

Am 23. Februar 2006 rief William Billeck Ernie LaPointe an und bat ihn, die Rückführungsanfrage per E-Mail vom 27. Februar 2002, während des Telefonats am 28. Februar 2002 und in dem Brief vom 4. März 2002, in welchem er Interesse an den Gegenständen Sitting Bulls geäußert hatte, zu bestätigen.
Am 23. Februar 2006 schickte Ernie LaPointe einen Brief und bat um die Rückführung der Haarlocke und der Leggings. Der Brief enthielt auch eine amtliche Vollmacht seiner Schwester Marlene Little Spotted Horse-Anderson vom 4. September 2005, die Ernie LaPointe ermächtigte, sie in allen Dingen betreffend Sitting Bull zu vertreten.
Dieser Bericht möchte lediglich die direkte Nachkommenschaftsfrage von Ernie LaPointe und Marlene Little Spotted Horse-Andersen beurteilen.

Ernie LaPointe,

Urenkel von Sitting Bull, wurde 1948 auf der Pine Ridge Reservation in South Dakota geboren. Er wuchs in Rapid City auf, ging dort zur Schule und trat 1966 in die Armee ein. Ernie kämpfte in Vietnam und wurde 1972 ehrenhaft aus der Armee entlassen.
1992 erhielt Ernie LaPointe die Gelegenheit, seine direkte Nachkommenschaft von Sitting Bull zu beweisen und durfte bei der Aufnahme seines berühmten Urgroßvaters in die „Hall of Fame" die Rede halten. Seit Jahrzehnten widmet er sich intensiv der Geschichte und dem Vermächtnis seines Urgroßvaters. Er ist regelmäßig Dozent an Universitäten und Institutionen wie dem Crazy Horse Memorial oder dem Museum am Little Bighorn Schlachtfeld. Er wurde bei mehreren Fernsehproduktionen zu Rate gezogen und produzierte selbst zwei DVDs über die Biographie von Sitting Bull. In Deutschland trat er 2009 in der Sendung „Ich trage einen großen Namen" auf. Er lebt in der Tradition der Lakota, ist Sonnentänzer und folgt den spirituellen Regeln der Heiligen Pfeife. Ernie LaPointe und seine Frau Sonja leben heute in South Dakota.

Glossar

Cannunpa – Heilige Pfeife

Hanblecheyapi – Visionssuche

Hunkayapi – Zeremonie des Verwandtschaftsmachens

Hunkesni – bewegt sich langsam

Inipi – Schwitzhüttenzeremonie

Itazipco – ohne Bogen

Kangi Siha – Crowfoot

Maza Zee – Gold

Minneconjou – die nah am Wasser pflanzen

Oglala – die sich zerstreuen

Oohenumpa – Two Kettle

Sicangu – Verbrannte Schenkel

Sihasapa – Schwarzfuß (Gruppe der Sioux, nicht zu verwechseln mit den Blackfoot)

Ta Oyate Wanyankapi Win – Frau, die von ihrem Volk gesehen wird

Ta Sina Topa Win – Vier Decken Frau

Tasiyagnupa – Meadowlark (Wiesensperling)

Tatanka Iyotake – Büffel, der sich hinsetzt

Tatanka Psica – Springender Büffel

Tatanka Wanzila – Einzelner Büffel

Tatanka Wi Uha Najin – Büffelstier steht mit seiner Frau

Ti Tanen Win – Lodge in Sight Woman

Tiatunwan – Sie suchen einen Lagerplatz

Tiyospaye – Großfamilie

Tunkasila – Großvater

Wakan – heilig

Wakan Icaga – etwas Heiliges wächst heran (Kinder)

Wakan Tanka – Großer Geist / Geheimnis

Wakapa pi – zerriebenes Trockenfleisch

Wakanheja – something sacred is growing (Kinder) Kurzform für Wakan Icaga

Wasicu – Amerikaner

Watanya Cikala – Kleiner Scharfschütze

Wicasa – Mann

Wicasa Wakan – heiliger Mann, Medizinmann

Wiwang Wacipi – in die Sonne starren (Sonnentanz)

Wiyakewaste Win – gute Federfrau

Wovoka – heiliger Mann der Paiute (auch Jack Wilson genannt)

Nachwort des deutschen Herausgebers

Die Geschichte der Eroberung von Nordamerika durch die weißen Einwanderer wurde über Jahrhunderte hinweg nahezu ausschließlich von weißen Historikern geschrieben. Entsprechend dem Glauben an die Überlegenheit der eigenen weißen Rasse und ihrer Kultur und Religion entstand ein Geschichtsbild, das weitgehend die weiße Sicht dieser Geschichte darstellt. Indianische Quellen wurden dementsprechend als unzuverlässig und unglaubwürdig abgetan. Sie wurden ignoriert oder, wenn man sie verwendete, meist im Sinne des weißen Geschichtsbildes interpretiert oder umgedeutet. Nur einige wenige weiße Autoren machten sich die Mühe, die geschichtlichen Überlieferungen, die Kultur und die Spiritualität der Indianer zu verstehen oder gar eine indigene Sprache zu lernen, der Schlüssel, um diese Kultur überhaupt verstehen zu können.

Eine der bedeutendsten indigenen Persönlichkeiten der amerikanischen Geschichte war Tatanka Iyotake, „Sitting Bull", der politische und spirituelle Führer der Lakota. Bis zuletzt leistete er gegen die ethnische und kulturelle Vernichtung seines Volkes Widerstand und bezahlte schließlich mit seinem Leben dafür.
Verständlich, dass eine ganze Reihe von Biographien über ihn verfasst wurden, allerdings nahezu ausschließlich von weißen Autoren, von denen insbesondere die Biographien von Stanley Vestal und Robert Utley das Bild von Sitting Bull geprägt haben.
Im Jahre 2009 erschien die Biographie „Sitting Bull – His Life and Legacy", geschrieben von Ernie LaPointe, den einzigen direkten männlichen Nachkommen von Sitting Bull. Die Lektüre dieses Buches wurde für uns zu einem bewegenden Erlebnis. Beim Lesen dieser Biographie hatten wir zum ersten Mal den Eindruck, dass das Leben von Sitting Bull und sein Vermächtnis aus der Sicht eines Lakota in Zusammenhang mit seiner Kultur und der Spiritualität der Lakota dargestellt wurden. Das Buch eröffne-

te uns einen neuen und unverfälschten Blick auf diesen großen Mann, sein Leben, seine Ziele und Beweggründe.

Es entstand der Wunsch, dieses Buch in deutscher Sprache zu veröffentlichen. Als wir die Ehre hatten, Ernie LaPointe persönlich kennenzulernen, waren wir außerordentlich überrascht zu erfahren, dass kein einziger Biograph von Sitting Bull, einschließlich der Autoren Stanley Vestal und Robert Utley, je mit den direkten Nachkommen von Sitting Bull zusammengearbeitet oder die mündliche Überlieferung der Familie für ihre Bücher genutzt hatten. Dafür bediente man sich einer Nebenlinie der Familie als Informanten, die, wie dieses Buch aufzeigt, bei der Ermordung von Sitting Bull eine fragwürdige Rolle gespielt hatten, aber offensichtlich bereit waren, willfährig das zu erzählen, was in das Bild der weißen Autoren passte.

Das Buch von Ernie LaPointe ist das erste Buch, das die mündliche Überlieferung und das Wissen der Familie von Sitting Bull repräsentiert, unzensiert von Vorurteilen und weißen Geschichtsbildern.
Der TraumFänger Verlag sieht es als große Ehre, dieses Buch in Deutschland veröffentlichen zu dürfen. Wir danken Ernie und Sonja LaPointe für das erwiesene Vertrauen und die gute Zusammenarbeit und hoffen, dass wir mit der deutschen Übersetzung dem englischen Original gerecht werden.

Bruno Schmäling

WINTERPROJEKT Pine Ridge Reservat, Süddakota USA

Jedes Jahr kehrt der bitterkalte Winter wieder nach Süddakota zurück und jeder sollte ein warmes Zuhause haben!

Der Wintereinbruch in Süddakota bedeutet für viele Familien im Pine Ridge Reservat einen neuen Kampf ums Überleben. Die letzten Winter mit Temperaturen von unter minus 20 Grad waren extrem. Die meisten Familien auf dem Pine Ridge Reservat leben weit unter der Armutsgrenze, deshalb wird es auch in diesem Winter vielen Familien nicht möglich sein, Heizmaterial zu kaufen wie z.B. Holz oder das am meisten verwendete Propangas. Leider kommt die Gasfirma erst zu einer Familie, wenn diese für mindestens 120 Dollar Gas bestellt. Und das haben viele Familien nicht zur Verfügung. Deshalb sterben jedes Jahr im Winter viele Menschen – unter ihnen sehr oft alte Menschen – an Unterkühlung.
Über die Gesellschaft für bedrohte Völker (GfbV) werden Spenden entgegengenommen. Jede noch so kleine Spende kann sehr hilfreich sein. Die weltweit anerkannte Organisation GfbV leitet die Spenden zu 100 Prozent weiter und das Geld wird nur für Heizmaterial wie Propangas oder Holz verwendet.

Spendenkonto:
Postbank Hamburg, GfbV
Kontonr. 7 400 201, BLZ 200 100 20
Stichwort „Winterprojekt"

Wenn Sie eine Spendenbescheinigung benötigen, vergessen Sie nicht, Ihre Adresse anzugeben. Bis 100 Euro reicht der Überweisungsbeleg. Ansprechpartner: Andrea Cox
www.andreac.de

Lila Pilamaya ye!

Sunka Wakan Na Wakanyeja Awicaglipi Incorporation
Lakota Horsemanship Organisation

>>We are Lakota. We are not Cowboys, we are Horsemen.<<

Die Sioux bzw. Lakota gelten als die besten Reiter sowie Pfeil- und Bogen-Schützen. Beides ist in ihrer Tradition tief verankert. Die Arbeit und das Zusammenleben mit den Pferden sowie das Aufleben alter traditioneller Werte sollen den jungen Indianern zur Wiederfindung ihrer eigenen Identität verhelfen.

Ziel dieser Organisation ist es, Kindern und Jugendlichen durch verschiedene Programme die Rückführung zur eigenen Kultur zu ermöglichen und sie dadurch vor Alkohol- und Drogenmissbrauch zu bewahren.

Jedes Jahr werden verschiedene Workshops mit den Kindern und Jugendlichen durchgeführt sowie mehrtägige Wilderness Camps. Während der Wintermonate werden Workshops gehalten z. B. zum Halfter anfertigen, Bilderrahmen aus Holz basteln u.v.a.

Repräsentantin der SwnWA Inc. in Deutschland:
Andrea Cox, Im Wirbel 65 / 68219 Mannheim /
Tel. 0621 / 80 11 16
E-Mail: info@andreac.de
Weitere Infos unter: www.andreac.de

Spendenkonto in Deutschland Gesellschaft für bedrohte Völker (GfbV) WICHTIG: Stichwort: Pferde Projekt:
Postbank Hamburg, BLZ: 200 100 20, Kto: 7 400 201

Lila Pilamaya – Vielen Dank.

Aktionsgruppe Indianer & Menschenrechte e.V.

Die Aktionsgruppe Indianer & Menschenrechte e.V. (AGIM) ist eine Organisation, die sich im Rahmen der Menschenrechtsarbeit der politischen und kulturellen Unterstützung indianischer Völker in Nordamerika widmet. Von indianischen Organisationen ausdrücklich beauftragt, unterstützt AGIM diese Völker in ihrem Kampf um Selbstbestimmung und Anerkennung als souveräne Nationen. Die Aktivitäten der AGIM erfolgen in enger Zusammenarbeit und gegenseitigem Austausch mit den indianischen Völkern selbst.

Seit Jahrhunderten wurden die indigenen Völker ihrer Lebensgrundlagen und ihrer Rechte beraubt – bis heute. Wir müssen uns daher unserer Verantwortung gegenüber diesen Völkern stellen. Die Tätigkeitsfelder der AGIM umfassen politisches Engagement, kulturelle Unterstützung sowie Öffentlichkeitsarbeit. Wichtiges Instrument ist dabei die 2007 verabschiedete UN-Deklaration der Rechte der indigenen Völker, die diesen erstmals auf höchster Ebene Anerkennung gewährt.
Das von AGIM herausgegebene Magazin „Coyote", das vierteljährlich erscheint, ist die einzige Periodika, die sich im deutschsprachigen Raum ausschließlich nordamerikanischen Indianern widmet.
Die Aktionsgruppe Indianer & Menschenrechte e.V. (1986 gegr.) ist ein anerkannt gemeinnütziger Verein.

Aktionsgruppe Indianer & Menschenrechte e.V.
Frohschammerstr. 14, 80807 München
Tel. 089 / 35 65 18 36
E-Mail: post@aktionsgruppe.de
www.aktionsgruppe.de

Sitting Bull Family Foundation, Inc.
P.O. Box 182, Deadwood, South Dakota 57732
Web: www.sittingbullfamilyfoundation.org
Email: winyan@sittingbullfamilyfoundation.org (Sonja)
Email:kangisie@sittingbullfamilyfoundation.org (Ernie)
Phone 605-722-1190

Unsere Mission

Die Sitting Bull Family Foundation hat drei verantwortliche Direktoren:
Ernie LaPointe, Stella Iron Cloud und Marvin Helper.
Unser Ziel ist es, die mündliche Überlieferung über Sitting Bull durch das Erzählen der Geschichten wachzuhalten und über sein außergewöhnliches und spirituelles Leben zu berichten, um insgesamt wieder das kulturelle Interesse am traditionellen Leben der Lakota zu wecken.

Die Sitting Bull Family Foundation wird Seminare für Menschen mit indianischer Abstammung anbieten, aber auch für jene, die wirklich lernen wollen, wie wir in Frieden und Harmonie mit unsere Mutter, der Erde, leben können.

Das Hauptaugenmerk der Sitting Bull Family Foundation wird die Weitergabe der Lakota Kultur und Sprache an junge Menschen sein. Diese Inhalte werden ebenfalls Lehren über das Miteinander mit unserer Umwelt oder auch Ahnenforschung, die die Gemeinschaft als Ganzes betreffen, mit einschließen. Für uns ist es wichtig zu wissen, wer wir sind und wer unsere Ahnen waren.

Spenden können über die Homepage unter „Pay pal" gegeben werden.

Wopila Tanka!

www.sittingbullfamilyfoundation.org

Wie ein Funke im Feuer

Eine Lakota und Cheyenne Odyssee

Historischer Roman
von Kerstin Groeper

16,90 €   ISBN 978-3-941485-13-6

Wintercount

Dämmerung über dem Land der Sioux

Ein historischer Roman
von Dallas Chief Eagle
übersetzt von Kerstin Groeper

9,90 €   ISBN 978-3-941485-02-0

Auf den Pfaden des Luchses

Von den Ojibwe zu den Cheyenne

Historischer Roman
von Tanja Mikschi

18,90 €   ISBN 978-3-941485-24-2